GROSSH. GENERAL-DIRECTION D. MECKLENB. FRIEDRICH-FRANZ-EISENBAHN

Wahre Geschichten

um

Mecklenburg-Vorpommerns Eisenbahnen

Aufgeschrieben
von
Reinhard Münch

TAUCHAER VERLAG

WAHRE GESCHICHTEN NR. 90

Münch, Reinhard:
Wahre Geschichten um Mecklenburg-Vorpommerns Eisenbahnen
2. Aufl. – [Leipzig]: Tauchaer Verlag 2022
ISBN 978-3-89772-298-9

Satz: Tauchaer Verlag
Herstellung: Sabine Ufer Verlagsherstellung
Printed in EU

ISBN 978-3-89772-298-9

INHALT

DIE EISENBAHNGESCHICHTE IN MECKLENBURG BIS 1920

Die Geschichte(n) der Eisenbahn machen sehr oft die Runde, wenn es um runde Geburtstage oder Jubiläen geht. So jährte sich im November 2014 die Eröffnung der Eisenbahnstrecke von Güstrow nach Neubrandenburg zum 150. Male. Der Fachmann und Intimus zum Thema Eisenbahn in Mecklenburg-Vorpommern Lothar Schultz brachte ein Buch heraus (jeder Eingeweihte weiß sofort, dass es eines von Dutzenden ist, alle professionell und unterhaltend). Diese Ausgabe passte zum Jubiläum und beschrieb die Geschichte der mecklenburgischen Eisenbahn. Die für das Land wichtigsten Hauptstrecken verliefen von Hagenow nach Wismar und von Lübeck nach Strasburg. Resümierend meinte Schultz in einem Interview bei der Buchvorstellung in Güstrow, dem Mittelpunkt des mecklenburgischen Eisenbahnnetzes: *Eine staatliche mecklenburgische Eisenbahn, die die Situation des Eisenbahnwesens aus der Zeit der privaten Gesellschaften auf ein höheres Niveau entwickelte, gab es erst seit dem 20. Januar 1890. Umfangreiche Investitionen in das Eisenbahnnetz bis zum Ausbruch des Ersten Weltkrieges kennzeichneten diese Zeit als »goldenes« Eisenbahnzeitalter. Der Rückstand zu anderen Landeseisenbahnen im Deutschen Reich konnte aufgeholt werden. Ein Kapitel des Buches ist der Entwicklung des Bahnhofes Güstrow gewidmet. Ersichtlich wird, wie bescheiden die Anfänge waren. Die ersten von Bützow kommenden Züge endeten im später als Güterschuppen genutzten Gebäude, bis endlich 1858 das Empfangsgebäude eröffnet werden konnte. 1856 kamen Bestrebungen zur Weiterführung der Strecke nach Neubrandenburg auf, aber erst 1859 wurden die Voraussetzungen für den Bau der Strecke geschaffen. Hier entstand der Begriff »Ostbahn«. Der Bahnhof Güstrow entwickelte sich als wichtigstes Eisenbahnkreuz im Lande. Hier kreuzten die West-Ost-Strecke von Lübeck nach Stettin und die Nord-Süd-Strecke von Rostock nach Berlin.* Wenn man meint, nun alles begriffen zu haben, liegt man weit daneben. Deshalb soll noch einmal über die wahren Geschichte(n) des 19. Jahrhunderts reflektiert werden.

Die Großherzoglich Mecklenburgische Friedrich-Franz-Eisenbahn (M.F.F.E) war die staatliche Eisenbahngesellschaft der beiden Länder Mecklenburg-Schwerin und Mecklenburg-Strelitz. Die erste Eisenbahnstrecke in Mecklenburg war die preußische Berlin-Hamburger Bahn, die 1846 eröffnet wurde und später in einer eigenen Geschichte gestreift wird. Nachdem die Mecklenburgische Eisenbahngesellschaft ihre Strecke von Hagenow nach Schwerin und Wismar sowie über Bützow nach Rostock mit einer Zweigbahn nach Güstrow errichtet hatte, fehlte eine West-Ost-Verbindung, die auch das kleinere mecklenburgische Großherzogtum erschließen sollte. Privatkapital war nicht genügend aufzutreiben. Deshalb wurde die Strecke Güstrow – Teterow – Malchin – Neubrandenburg auf Initiative des Großherzogs Friedrich Franz II. als landesherrliches Eigentum gebaut und 1864 eröffnet. Weitere Strecken folgten, sogar Lübeck wurde an das Netz angeschlossen. Dem Zeitgeist entsprechend entstand der Wunsch nach staatlicher Lenkung des Eisenbahnbetriebes. 1873 wurde die Verstaatlichung der Eisenbahnen in Mecklenburg vollzogen. Zudem wollte die mecklenburgische Regierung dem Ankauf des Bahnvermögens durch die von Bismarck geplante Reichseisenbahn zuvorkommen. Die Mecklenburgische Eisenbahngesellschaft wirtschaftete sehr gut und konnte bei ihrem Verkauf dem Großherzog entgegenkommen. *Am 20. April 1873 erwarb die Landesregierung die Mecklenburgische Eisenbahngesellschaft und vereinigte sie mit der Friedrich-Franz-Eisenbahn zur »Großherzoglichen-Friedrich-Franz-Eisenbahn«. Der Sitz der Direktion wurde von Malchin in die Landeshauptstadt Schwerin verlegt.*

*Der Schweriner Hauptbahnhof im Wandel,
1920 mit Straßenbahnwendeschleife oben,
1925 mit hauptsächlichem Kfz-Verkehr unten.*

Die Privatisierung der Bahn erfolgte 1875. Die ehemaligen Eisenbahnaktionäre und die Regierung hatten vorher im Streit gelegen. Grund war, dass Schulden in Millionenhöhe nicht zurückerstattet werden konnten. *Ergebnis des Streits war die Bildung der »Mecklenburgischen Friedrich-Franz-Eisenbahngesellschaft« (M.F.F.E.) als Aktiengesellschaft am 2. April 1875. Diese privatwirtschaftliche Eisenbahngesellschaft bestand bis zur zweiten Verstaatlichung am 1. Februar 1890.*

Dem Grunde nach war zu diesem Zeitpunkt ein recht passables Eisenbahnnetz in Mecklenburg entstanden, das sich am Kreuz der Nord-Süd-Hauptstrecke und dergleichen West-Ost-Strecke ausgerichtet hatte. Neben den bisher erwähnten Strecken sollen noch die ergänzt werden, die mehr oder weniger zum Eisenbahnboom bis 1890 beigetragen hatten. Erwähnenswert sind die 1880 gebaute Bahn Parchim-Ludwigslust und die 125 Kilometer lange Hauptbahn von Neustrelitz nach Rostock und Warnemünde. Beide wurden von der Dampfschifffahrtsgesellschaft Deutsch-Nordischer-Lloyd in Rostock initiiert, um die wirtschaftlich als rentabel eingeschätzte Schiffsverbindung nach Gedser in Dänemark an die Eisenbahn direkt anzuschließen. Einen wahren Schub in den 1880ern erlebten Nebenbahnen, die vom Stettiner Bauunternehmer Friedrich Lenz errichtet wurden: 1882 die Güstrow-Plauer Eisenbahn, ein Jahr später die Wismar-Rostocker und wieder ein Jahr darauf die Gnoien-Teterower Eisenbahn. 1887 kam dann die Wismar-Karow-Strecke dazu. Nicht zu vergessen, in jene Zeit fällt der Anfang der heute noch namhaften Schmalspurbahn mit Start in Doberan als zunächst reine im Sommer betriebene Bäderbahn. Molli bekommt ihr eigenes Kapitel.

Mit der zweiten Verstaatlichung ging die Verwaltung der Staatseisenbahn auf die Großherzogliche

Im Rostocker Hafen.

General Eisenbahn-Direction (GGED) über. Der neue Name lautete seitdem »Großherzoglich Mecklenburgische Friedrich-Franz-Eisenbahn (M.F.F.E.)«.

Der Erste Weltkrieg beschreibt das letzte Kapitel der M.F.F.E. Der Zugverkehr wurde auf die militärischen Anforderungen des Krieges umgestellt. Dann war es mit der alten Welt vorbei. Die feudal-aristokratischen Strukturen zerfielen. Einen Großherzog gab es von heute auf morgen nicht mehr und so erhielt die Eisenbahn den Namen »Mecklenburgische Landeseisenbahn« verpasst und ging, so wie es die neue Weimarer Verfassung vorsah, in der Reichseisenbahn auf.

Die Lokomotiven trugen bis Mitte der 1890er Namen und stellten so eine gewisse Vertrautheit her. Später wurden sie vom bis heute üblichen Nummernsystem abgelöst. Wie es zum Start der Eisenbahn in anderen Gesellschaften in anderen Teilen Deutschlands üblich war, fanden auch in Mecklenburg die ersten Loks Namen der wichtigsten Städte Verwendung. Also konnte man die Lokomotiven »Rostock«, »Wismar« und »Güstrow« und später »Schwerin« und »Ludwigslust« und kleinere Orte wie »Bützow« oder »Karow« bewundern. Stadtziele aus Mecklenburger Sicht wurden als Loknamen verwendet: »Berlin«, »Magdeburg« und »Hamburg«. Später kamen Frauennamen in Mode und nun dampften »Freya«, »Hulda« und »Hertha« durch die Lande. Landestypisch gab es zudem »Ostsee«, »Mecklenburg«, »Nebel«, kraftvoll durch nordische und andere Götternamen und Sagenfiguren ergänzt wie »Swantewit«, »Hercules«, »Wodan« oder »Thor«. Im Erinnern an die Napoleonzeit musste natürlich auch der Rostocker Blücher einer Lok seinen Namen, besser seine Ehrenbezeichnung »Marschall Vorwärts«, leihen. Diese fuhr an der Spitze von Personenzügen auf der Hauptstrecke Hagenow-Rostock. Zunächst ging es aber zurück mit dieser Lok. Als es losgehen sollte, war der falsche Einbau der Treibachse übersehen worden, also fuhr die Lok bei der Probefahrt in die entgegengesetzte Richtung und touchierte eine Schuppenwand. Der Spitzname der Lok soll diese noch lange begleitet haben: »Marschall Rückwärts«. Dass eine Lok namens »Glückauf« in Mecklenburg zum Einsatz kam, war kein Versehen, sondern diese Maschine wurde zum Bahnbau angeschafft und war in Sachsen als Speziallok zusammengebaut worden. So brachte sie sächsische Grüße für das Gelingen des Eisenbahnbaus nach Mecklenburg.

Die Lok Hulda.

Die Eisenbahn in Vorpommern kommt natürlich auch zu ihrem Recht. Dass es da weniger Ansatzpunkte gibt, liegt vorrangig an der Historie. Die wesentlichen Schwerpunkte deckte die preußische Eisenbahn ab, dagegen blieben hauptsächlich Neben- und Kleinbahnen für die vorpommersche Geschichte übrig. Usedom und Rügen sprechen jedoch für sich, denn vom Bekanntheitsgrad sind es doch Schwergewichte.

MIT 230 KM/H DURCH MECKLENBURG

Wenn man über die aktuelle Zeit der Eisenbahnen spricht, stehen weniger die Kleinbahnen, Dampflokromantiker oder Nahverkehrsverbünde im Fokus. Vielmehr sind es die Themen der Moderne. Es geht um die Fernverbindungen, die seit Anfang der 1990er ICE genannt werden. Das deutsche Hauptstreckennetz ist eher westlastig und spart manche Regionen großzügig aus, nicht aus bösem Willen, sondern schlichtweg aus wirtschaftlichen Aspekten. Friedrich List bezog schon Anfang der 1830er Mecklenburg nicht in seine Betrachtungen eines gesamtdeutschen Eisenbahnnetzes mit ein. Diese Region sei zu abgelegen, meinte er.

Also ist der ICE kein Thema für Mecklenburg-Vorpommern? Abgesehen von einigen Zügen, die heute nach Rostock oder Stralsund fahren und als ICE ausgewiesen jedoch in ihrer Geschwindigkeit deutlich eingeschränkt sind, gibt es sehr wohl etwas Erwähnenswertes: 81 Kilometer ist ein Streckenabschnitt der Linie Berlin – Hamburg lang, der durch Mecklenburg-Vorpommern führt. Und da geht es schon zur Sache, weil genau auf diesem Abschnitt die Höchstgeschwindigkeiten im Fernreiseverkehr von über 200 km/h tagtäglich erreicht werden. Bei Streckenkilometer 155 queren die Züge von Berlin kommend die Grenze zwischen Brandenburg und Mecklenburg-Vorpommern. Acht Kilometer weiter rauscht Grabow vorbei und nach weiteren sieben Kilometern erreichen die Züge Ludwigslust, immerhin mal Residenzstadt des Herzogtums Mecklenburg-Schwerin. Dort, man beachte, halten am Tag sogar einige wenige Züge mit der Marke ICE an. Weiter geht es über Jasnitz, den ehemaligen Fürstenbahnhof, Strohkirchen zum Bahnhof Hagenow-Land. Da ist schon über die Hälfte der Strecke absolviert und nur wenige Minuten hat es gedauert. Danach kommen noch Pritzier, Brahlstorf und Kuhlenfeld, ehe dann mit Boizenburg wieder eine Ortschaft vorbeifliegt, die auch überregional einen Namen hat. Nach weiteren wenigen Augenblicken kommt noch Schwanheide und vier Kilometer weiter ist es vorbei mit der Mecklenburgischen Herrlichkeit aus Sicht des über 200 km/h schnellen ICE.

Zurück geblickt in die Geschichte, war es für die Strecke Berlin-Hamburg schon eine Herausforderung, den Betrieb zu organisieren. Um 1840, als es losging, musste die Strecke über die Hoheitsgebiete von fünf damals eigenständigen Ländern innerhalb des Deutschen Bundes trassiert werden. Da waren Preußen, Mecklenburg-Schwerin, die Herzogtümer Holstein und Lauenburg und schließlich die Hansestadt Hamburg. Man schloss einen Vertrag und bald begann die Erschließung des Baugrundes. Als dann acht Millionen Taler in den Kassen lagen, wurde mit dem Streckenausbau in der Nähe von Ludwigslust im Mai 1844 begonnen. *Die Bau- und Betriebskonzessionen der betroffenen Länder erhielt die Bahngesellschaft 1845. Bis zu 10.000 Menschen waren in Spitzenzeiten mit dem Bau beschäftigt. Als Erstes konnte die 222 Kilometer lange Strecke von Berlin nach Boizenburg am 15. Oktober 1846 dem Betrieb übergeben werden.* Mit der Fertigstellung des Restabschnitts von 45 Kilometern bis Bergedorf am 15. Dezember 1846 waren die Bauarbeiten abgeschlossen. Soviel zum Gesamtprojekt. Was bleibt vom Großprojekt für das heutige Mecklenburg? Gefühlte zwanzig Minuten, aber immerhin.

Zu Beginn des neuen Jahrtausends lag die kürzeste Reisezeit zwischen Hamburg und Berlin bei zwei Stunden und acht Minuten. Die Strecke wurde bis 2004 auf über 250 Kilometern für Geschwindigkeiten von 160 auf bis zu 230 km/h ausgebaut. Schneller wurde *bisher nur auf Neubaustrecken gefahren, die in der Regel an Siedlungen und Bahnhöfen vorbei trassiert wurden. Erstmals wurden dabei auch Schutzgitter auf den Bahnsteigen eingesetzt.* Dabei wurden sehr viele schienengleiche Bahnübergänge beseitigt und durch kreuzungsfreie Unter- und Überführungen ersetzt. Die Bauarbeiten wurden mit einer zweimonatigen Totalsperrung bei laufendem Betrieb durchgeführt. Am 12. Dezember 2004 war es soweit und ein neues Zeitalter konnte beginnen. Die Eröffnungsfahrt von Hamburg nach Bahnhof Berlin-Zoologischer Garten dauerte eine Stunde und 28 Minuten. Damit war man vierzig Minuten schneller als noch wenige Jahre zuvor. Klar, dass man für Zeitreserven diese Superzeit für den regulären Betrieb etwas bezuschusste. Zum Fahrplanwechsel Ende 2006 wurde der Stundentakt der ICE-Linie Hamburg - Berlin Richtung Süden nach Leipzig und weiter nach München verlängert. Wenn man bedenkt, dass im Schnitt Tag für Tag um Zehntausend Fahrgäste diese Strecke nutzen, sind diese auch täglich im Land unterwegs, ohne dass sie viel stören. Künftig könnten es sogar noch mehr werden, wenn die Bahn aus dem üblichen Stunden- einen Halbstundentakt einführen sollte.

Eben wegen der guten Streckenverhältnisse mit großzügigen Kurvenradien und ohne herausfordernde Steigungen oder ähnliche Herausforderungen bot sich Berlin - Hamburg an, auf die Jagd nach Rekorden zu gehen. Experten hatten es festgehalten: *Nachdem bereits 1904 nach vorausgegangenen erfolgreichen Versuchen mit elektrischen Schnellfahr-Triebwagen auf der Militärbahn zwischen Berlin-Marienfelde und Zossen die Studiengesellschaft für Elektrische Schnellbahnen in einer Denkschrift eine Schnellbahn zwischen Berlin und Hamburg angeregt hatte, wurde die Strecke in den 1930er Jahren tat-*

sächlich gleich zweimal zur »Rennstrecke« für Rekordfahrten. Am 21. Juni 1931 befuhr der Schienenzeppelin in 98 Minuten die Strecke zwischen Hamburg und Berlin. Mit 230,2 km/h stellte das ungewöhnliche Gefährt mit einem am Heck montierten Propeller einen Geschwindigkeitsrekord für Schienenfahrzeuge auf, der bis 1955 Bestand hatte. Alltagstauglich war die Maschine jedoch nicht. 1933 wurde ein Schnelltriebwagen-Verkehr mit dem Dieselschnelltriebwagen »Fliegender Hamburger« aufgenommen. Bei einer Fahrzeit von bis zu zwei Stunden und 18 Minuten erreichte der »Fliegende Hamburger« eine durchschnittliche Reisegeschwindigkeit von 123 km/h und war somit die seinerzeit schnellste planmäßige Zugverbindung der Welt. Der Rekord hatte Bestand und wurde erst in den 1990ern durch die ICEs gebrochen.

Nach dem II. Weltkrieg wurde es für den Bahnbetrieb deutlich komplizierter. Zwischen Büchen und Schwanheide verlief die Demarkationslinie und trennte dort die beiden deutschen Staaten. Auf DDR-Territorium wurde zudem das zweite Gleis als Reparationsleistung für die Sowjetunion demontiert. Eisenbahnhistoriker fassten es so zusammen: *In den 1950er und 1960er Jahren fuhren im Interzonenzugverkehr DR-Dampflokomotiven der Baureihe 03 bis Hamburg-Altona, die dann durch die neue Baureihe 01.5 abgelöst wurden. Erst ab dem Sommerfahrplan 1973 übernahmen Lokomotiven der DB die Leistungen zwischen Hamburg und Büchen. Im Osten kamen nun Diesellokomotiven der Baureihen 118 und 132 zum Einsatz, im Westen solche der DB-Baureihe 218. In den 1960er Jahren stieg die Reisezeit zwischen den Großstädten wegen der Grenzkontrollen, Umwege und Eingleisigkeit auf über sechs Stunden an. Ein Abkommen zwischen Bundes- und Reichsbahn begrenzte die Zahl der Züge an der deutsch-deutschen Grenze in Büchen in Richtung Osten auf 24 Güter- und fünf Personenzüge sowie Richtung Westen auf*

17 Güter- und fünf Reisezüge. Mit der Grenzöffnung 1989 begann der 15 Jahre dauernde Prozess der Normalisierung des Streckenbetriebes und bedurfte vieler Millionen D-Mark und Euro um die Leistungsfähigkeit der Fernstrecke, auch über die Felder Mecklenburg-Vorpommerns, sicherzustellen.

Idylle in Mecklenburg vor der Eisenbahnzeit.

Man kann von der Heimatstadt des Autors Leipzig nach Hamburg in sehr komfortablen Reisezeiten gelangen. Funktioniert das auch, um auf Mecklenburger

Flur zu gelangen und die Strecke Berlin - Hamburg zu nutzen (denn andere Varianten mit etwas langsameren Zügen über Magdeburg gibt es sehr wohl)? Das Portal der Deutschen Bahn macht es einem zunächst einfach. Also Suche gestartet, um am ICE-Haltepunkt, dem Bahnhof Ludwigslust, entspannt das mecklenburgische Städtchen zu besuchen. Zu akzeptieren war ein geplanter Umstieg in Berlin. Also ging es erst einmal nach Berlin. In aller Frühe 6.38 Uhr erfolgte der Start ab Berlin Hauptbahnhof. Der planmäßige Halt des ICE in Ludwigslust brachte einen zum Ziel. Für schlappe 19 Euro in exakt 61 Minuten war man da. Nur wenige stiegen aus. Touristen, Businessmen und Pendler bemerkten es kaum. Es hätte wohl noch eine andere Variante zum frühen Abend gegeben, aber immerhin: Berlin ganz wichtig, Hamburg ebenso, Mecklenburg-Vorpommern na ja, aber nicht unmöglich.

Nachsatz. Ein ICE der Baureihe 402 wurde im Bahnhof Ludwigslust mit der gleichnamigen Ortsbezeichnung getauft und wirbt so für die Region. Zu bieten hat Ludwigslust schon etwas, gilt doch das Schloss als das kleine Versailles des Nordens. Unter Friedrich Franz I. wurde die Stadt zur Hauptresidenz und blieb es mehr als siebzig Jahre.

DIE M.B. - MECKLENBURGER BÄDERBAHN

Die Orte Graal und Müritz standen zunächst weniger im Fokus der neuen Mode, am Meer Urlaub zu machen. Da gab es die Favoriten mit den mecklenburgischen Ostseebädern Warnemünde und Kühlungsborn, die deshalb bereits im 19. Jahrhundert mit der Eisenbahn erreicht werden konnten. Die Vorzüge des seit 1938 zusammengelegten Ortes Graal-Müritz waren weniger bekannt. Gelegen zwischen waldigen Gebieten und Ostseestränden bester Qualität, kam es erst nach und nach zur Idee, auch hier florierenden Sommerurlaub anzubieten. Natürlich muss man aus heutiger Sicht beachten, dass die Nachfrage nach Ostseeurlaub zwar da war, aber nicht so groß, dass die ersten Bäderorte dies nicht hätten stemmen können. Die Zeit brachte jedoch neue Bedürfnisse und damit mehr Urlaubssuchende. Das zeichnete sich in den 1920ern ab. Kühl berechnet wurde konstatiert, dass sich ein gewinnbringender Verkehr lohnen sollte. Also wurden erste Pläne entwickeltet, um Graal-Müritz an das Schienennetz anzuschließen. Die Voraussetzungen für ein gut gehendes Ostseebad waren bereits so gut ausgearbeitet, um in den Sommermonaten das Verkehrsaufkommen für eine Bahn zu erwarten. Die Vorschläge intendierten zuerst eine Strandbahn von Warnemünde über Markgrafenheide nach Graal-Müritz zu verlängern. Die Idee scheiterte am Überqueren oder Untertunneln der Warnow. Als nächstes Projekt wurde die ein paar Jahre alte Überlegung für eine Schmalspurbahn mit 750 mm Spurweite aufgegriffen. Diese stammte aus der Zeit vor dem I. Weltkrieg, wurde jedoch seinerzeit wegen der unmöglichen Verbindung

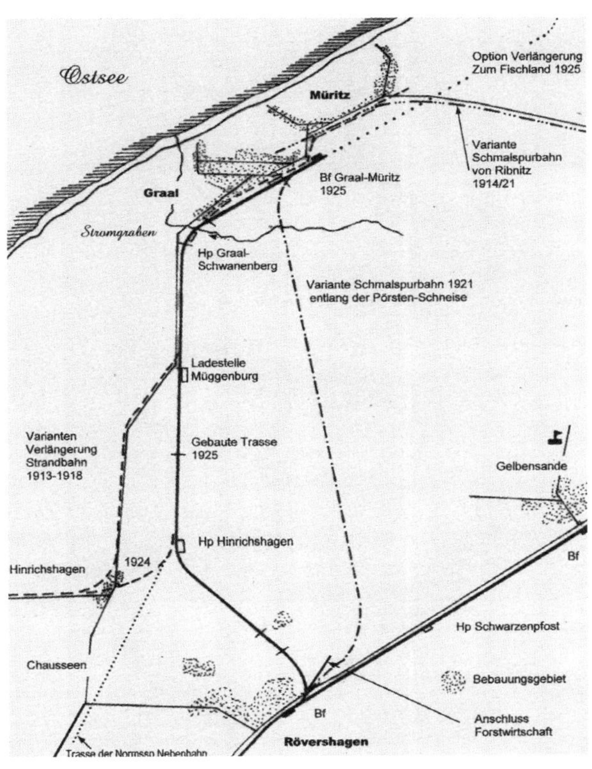

Streckenprojekte nach Graal und Müritz bis 1925.

zu normalspurigen Strecken abgelehnt. 1924 griff man die Idee auf und es ging los. *Angesichts der Bestrebungen der Stadt Ribnitz, eine Bahn nach Graal-Müritz zu bauen, wurde die Stadt Rostock aktiv. Auch die Gemeinde Graal-Müritz selbst bevorzugte einen Anschluss von Rostock her. Zur Begründung des Projektes wurde in einem Antrag an das Reichsverkehrsministerium mitgeteilt, dass Graal-*

Müritz 1923 von 9600 Badegästen (bei 902 Einwohnern) aufgesucht wurde. Mit dem »Postauto« (der Kraftpost) wurden 1924 bereits 17371 Personen in beide Richtungen befördert. So wurde von der Stadt Rostock, den Gemeinden Graal-Müritz und Rövershagen, Rostocker Kaufleuten, der Firma Lenz und der Großen Berliner Straßenbahngesellschaft (die in Graal-Müritz 2 Heime besaß) das Kapital in Höhe von 900000 RM aufgebracht. Der Stadt Rostock war an dieser Bahn insofern gelegen, da damit die Holzabfuhr aus der der Stadt gehörenden Rostocker Heide wesentlich verbessert werden konnte. 1925 wurde die Gesellschaft »Mecklenburgische Bäderbahn« mit dem Ziel gegründet, die Orte Graal und Müritz mit der Eisenbahnhauptstrecke Stralsund – Rostock zu verbinden. *Realisiert wurde schließlich der Bau der Strecke von Rövershagen aus. Der Bahnhof Graal-Müritz, der schon vor der Vereinigung beider Orte so hieß, wurde östlich von Graal und südlich von Müritz so errichtet, dass die Option auf eine Weiterführung der Strecke zum Fischland blieb.* Nachdem es ziemlich lange gedauert hatte, die Idee voranzutreiben, konnte es in der Realisierungsphase nicht schnell genug gehen. Im März 1925 war man sich mit der Erteilung der Konzession einig, dass der Betrieb zum Badesaisonbeginn des gleichen Jahres (sic!, unvorstellbar in der heutigen Zeit) starten müsste. Der beauftragte Unternehmer Lenz schaffte es mittels Zweischichtbetrieb, den Bau am 25. Juni 1925 abzuschließen. Die Eröffnung der Strecke erfolgte am 1. Juli 1925. Die Kleinbahnunternehmung machte sich gut und wurde von der Deutschen Reichsbahn sehr wohl wahrgenommen. Wichtig aus Sicht der Bäderbahn war es, dass die Reisenden in Rostock die Fernzüge erreichen konnten. Man stellte sich mit den entsprechenden Fahrplänen darauf ein. *Aus Konkurrenzgründen hat die Deutsche Reichsbahn jedoch auf dem Hauptbahnhof in Rostock keine Fahrplaninformation über den Zugverkehr nach Graal-*

Müritz bekannt gegeben. Diese Information bekamen die Reisenden nur aus dem Reichskursbuch.

Mecklenburger Bäderbahn.

Entgegen der umfangreichen Reparationsprojekte nach dem II. Weltkrieg blieb die durch Kriegseinflüsse unbeschädigte Zehn-Kilometer-Strecke unangetastet. Die Besatzer handelten schlichtweg aus Eigennutz. Die Erholungsheime in Graal-Müritz wurden Lazarette für die Sowjetarmee und die Transporte erfolgten per Bahn. Damit wurden keine Schienen und Anlagen demontiert. Es blieb alles in Ordnung, bis die Deutsche Reichsbahn diese Strecke 1949 übernehmen konnte. In den 1950ern verlief alles reibungslos, bis in der folgenden Dekade wie andernorts die Stilllegung der Strecke in Betracht gezogen wurde. Aus zwei Gründen kam es anders. Es fehlten einerseits die erforderlichen Bus- und LKW-Kapazitäten. Zum zweiten hatte die Armee Interesse an der Streckennutzung, um die Schießplätze in der Rostocker Heide effizient erreichen zu können.

In den 1970er Jahren war der Personenverkehr mehrere Jahre auf das Sommerhalbjahr beschränkt, im Winter verkehrten Busse als Schienenersatzverkehr. 1993 wurden die in den 1930er Jahren eröffneten Haltepunkte Hinrichshagen und Georg Schneise, mitten im Wald gelegen, geschlossen. Die Gesamtstrecke wurde 1999 für den Zugverkehr gesperrt, weil der Oberbau den Regelbetrieb nicht mehr zuließ. Es ging weiter und man plante, die Strecke zu elektrifizieren und an das Rostocker S-Bahn Netz anzuschließen. Es blieb bei der Planung. Die Sanierung zog sich bis 2006 hin. Schließlich wurde die Strecke von 10,6 auf 9,7 Kilometer verkürzt. Der Bahnhof Graal-Müritz wurde durch einen 600 Meter weiter westlich gelegenen Haltepunkt ersetzt.

Perspektivisch sind die alten Pläne für eine Strecke von Graal-Müritz nach Prerow nicht illusorisch, zumal auch eine wieder aufzubauende Darßbahn reale Chancen haben kann. Die stetig steigenden Urlauberzahlen bei nur einer Straßenverbindung auf dem Darß verlangen nach einer umsetzbaren Idee. Auch wenn es 2007 bei einer ersten intensiven Prüfung zu einer Ablehnung kam, dürfte das Thema nicht gänzlich vom Tisch sein. Immerhin feiert man 2025 einhundert Jahre Bäderbahn Rövershagen – Graal-Müritz.

DER ETWAS LANGSAME RASENDE ROLAND

In der Moderne spielen Themen wie Vernetzung und Digitalisierung eine große Rolle. Das gilt auch im Bereich der Eisenbahn. Ist man auf Rügen, kann es mitunter anders sein. Bei der dampfbetriebenen Schmalspurbahn zwischen Putbus und Göhren fühlt man sich schon in die fernere Vergangenheit zurück versetzt. Man mag es kaum glauben, dass auf Deutschlands größter Insel einmal um die einhundert Kilometer Schmalspurgleise befahren wurden, von denen heute noch ein Viertel genutzt wird. Sachsen sei Dank. Seit 2008 nämlich ist die aus dem Erzgebirge gut bekannte Pressnitztalbahn Betreiber der Rügenschen Kleinbahn und trotzte damit einigen Irritationen der letzten Jahrzehnte. Eine Vision wurde dadurch wahr. Über Jahrzehnte begeisterten diese kleinen Züge viele Inselbesucher und tun dies auch künftig, wenn sie schnaufend Wälder, Wiesen und Felder durchqueren, sich pfeifend und bimmelnd ihren Weg durch die Orte im Südosten Rügens freimachen. Diese Kleinbahn wird überall »Rasender Roland« genannt. Doch wie bekam die Bahn diesen Namen? In den 1960er Jahren waren viele Bergleute der Wismut zur Erholung auf der Insel Rügen. Sie fabulierten und legten fest: *Mit dem »Roland« wurde verbunden, »gut behütet« auf dem damals noch viel größeren Streckennetz unterwegs zu sein.* Das Attribut rasend hatte bei den Reisezeiten logischerweise einen stark ironischen und zugleich liebevollen Unterton. Man bedenke, dass bei der Namensgebung die Geschwindigkeit noch geringer war, da die schlechten Gleisanlagen nicht mehr zuließen. Jedenfalls ist der Name seitdem ein Markenzeichen.

Der Rasende Roland bei km 6,1 in Seelvitz.

Peter Thomas hatte es schön formuliert, als er sich dem Thema Rasender Roland widmete und ein kurzes Stück der Strecke liebevoll beschrieb: *Ein kurzer Pfiff, dann setzt sich leise rumpelnd die lange Garnitur der Reisezugwagen in Bewegung. Aus der prallen Sommersonne des Bahnhofs Sellin Ost auf Rügen rollt der »Rasende Roland« in den Wald der Granitz hinein und legt beim Jagdschloss einen Stopp ein. Kurze Verschnaufpause für Dampflok 99 1784, die uns heute auf 750 Millimeter schmaler Spur nach Binz bringt. Das alles geschieht im gemächlichen*

Tempo von rund 30 km/h. Gemütlich und nutzbringend zugleich.

Vogelsand mit verdünntem Holzleim.

Erwähnenswert in den wahren Eisenbahn-Geschichten sind die bislang vernachlässigten Modelleisenbahner. Sie vermögen es, verschiedenste Szenen, Lokalitäten und technische Raffinessen so zu verkleinern, dass sie selbst und die, die sie dazu bringen, Freude daran haben. Es ist eine Welt für sich. So kommt es nicht von ungefähr, dass das Thema Rügen diskutiert und angepackt wurde. Wie bringt ein Modellbahner seine Rügen-Lok am besten zur Geltung? – Zwischenbemerkung. Solch eine Rügen-Lok kann man 2017 auch käuflich erwerben: »Echtdampflokomotive DR 994633 »Rügenlok« im Maßstab 1:22,5, Spur IIm, Spurweite 45 mm«. Der Preis für das kleine Teil ist stolz. – Das ist schon eine Frage, wie man alles am besten präsentiert. Hin und her betrachtet passt dieses Teil thematisch oft nicht auf den meisten Anlagen und für die reine Besichtigung in der Vitrine sei diese urige Maschine zu schade. Was war zu tun? Ein Diorama wurde geschaffen, ohne Bahnhof, ohne Lokschuppen, ohne Häuschen. Es zeigte das Szenario einer kleinen Ausweichstelle mit einem Bahnübergang und einem kleinen Wald. Die Experten schienen großen Gefallen daran gefunden zu haben. Ob das gute Stück aus der Zeit um 1994 noch existiert, ist dem Autor nicht bekannt. Faszinierend blieb aber hängen, wie alles typisch für Rügen nachempfunden und im Modell festgehalten wurde: die versandeten Gleise der Kleinbahn. O-Ton: *Für die Nachbildung eignet sich handelsüblicher Vogelsand. Man schüttet ihn durch ein Teesieb und verteilt das feine Material großzügig zwischen und neben den Schienen. Im Weichenbereich darf der Sand freilich nur zwischen den Schwellen liegen. Verdünnter, mit Spülmittel angereicherter Holzleim fixiert den Sand, hellbraune Abtönfarbe sorgt für den richtigen Farbton.*

MOLLI – EINE FAHRT AN DER KÜSTE

Der äußerst bekannten Schmalspurbahn mit dem Verlauf von Bad Doberan nach Kühlungsborn wird angedichtet, dass sie ihren Namen von einem Hund hätte. Besser gesagt, die Episode, die sich wie folgt zugetragen haben könnte. Zu Beginn des 20. Jahrhunderts soll eine ältere, feine Dame mit ihrem kleinen Hündchen nach Bad Doberan gekommen sein. Standesgemäß wollten beide sich eine Fahrt mit der noch nicht lange in Betrieb befindlichen Eisenbahn nach Heiligendamm gönnen. Doch ihr Mops mit Namen Molli war zu sehr vom eisernen Ungetüm beeindruckt, um seiner Besitzerin zu folgen. Einsteigen in den Wagen, keine Chance. Molli suchte sein Heil in der Flucht und rannte davon. Aufgeregt und ziemlich laut rief die Frau ihrem Hündchen hinterher: »Molli, bliev stahn!« Mittlerweile fuhr der Zug los. Allerdings fühlte sich ein ganz anderer angesprochen: der Lokführer muss wohl vernommen haben, dass er stehen bleiben solle. Die Bremsen quietschten, der Zug stand. Spätestens da wurde dem Eisenbahner bewusst, dass er nicht gemeint war. Vermutlich waren Augenzeugen so amüsiert, dass sie diese Geschichte publik machten und somit ein Mops der Namensgeber der Eisenbahn von Bad Doberan nach Kühlungsborn wurde. Nicht überliefert ist, ob die Dame dennoch Erfolg hatte und gemeinsam mit dem Hund eine Fahrt mit der Eisenbahn an die Küste unternahm. Es ist nichts Solitäres, dass eine Bahn so auf den Hund gekommen ist. Im Brandenburgischen findet sich beispielsweise ein Gleichnis mit der Pollo-Eisenbahn, über die man in den Geschichten jener Region nachlesen kann.

Was gäbe es darüber hinaus zu berichten? Da wäre eine romantische Fahrt, die man als frisch vermähltes Paar unternehmen kann. Heiraten an der Ostsee ist nicht nur etwas für die Anwohner, sondern auch für alle, die ein Herz für diese Gegend haben. Also organisiert man neben den Notwendigkeiten der Behördengänge das Wohlbefinden mit Speis und Trank und einen Unterhaltungsteil, der den Hochzeitstag einzigartig macht. Wenn man flexibel ist und sich nicht nur an einem Ort aufhalten möchte, dann kommt man am Molli kaum vorbei. Ein kleiner Haken ist aber an der Sache. Die Schmalspurbahn kokettiert gegenüber ähnlichen Eisenbahngesellschaften mit ihrer Leistungsfähigkeit und Schnelligkeit. Da wird eine romantische Fahrt mitunter zu kurz ausfallen. Sei es wie es sei. Die Gesamtstrecke ist nach einer dreiviertel Stunde abgefahren.

Molli in Kühlungsborn-Ost.

Zurück zur Fahrt vom El Dorado für Ja-Sager, die im Standesamt Kühlungsborn die Reise antreten, um im exquisiten Hotel in Heiligendamm Essen zu können. Die Fahrt zum mondänen Badeort dauert gerade mal zwanzig Minuten. Also das eine Gläschen Prosecco, das man schafft, sollte vielleicht schon auf dem Bahnsteig eingegossen sein, dann im Abteil angestoßen und schon ist die Schnellste unter den Kleinen am Ziel angelangt – ein Erlebnis wäre es allemal. Eine Reminiszenz an das Standesamt fand der Autor in einem Urlaubsmagazin der Region. Meeresrauschen und der feine weiße Sandstrand sind nur ein paar Minuten entfernt – das Standesamt in Kühlungsborn sei der perfekte Ort für einen solch schönen Tag im Leben des sich trauenden Paares. Und, immerhin siebzig Prozent der Brautpaare kommen aus allen möglichen Landesteilen Deutschlands, aber auch aus der Schweiz oder Österreich, um von Ilona Buchwald durch die Zeremonie geführt zu werden. Die Räumlichkeit passt zum maritimen Umfeld, manche sprechen vom Märchenschloss. Viele kommen zurück und feiern ihren Hochzeitstag, eine Menge von ihnen verbinden es dann auch mit einer Mollifahrt. Eine Innovation gibt es seit 2014: Es kann im Museumscafé, in einem Traditionswagen der Molli-Bahn oder im Bahnhof geheiratet werden. Alles eine Frage der Organisation und des Geschmacks der Verliebten, das Standesamt macht es möglich. Ein Geheimtipp kam von Insidern. Bahnfahrt mit der Molli ja, jedoch nur eine Strecke. Denn es ist nahezu unvergleichlich, wenn man zunächst in eine Pferdekutsche steigt und im Mai durch die Rapsfelder nahe der Küste fährt. Nach einem maritimen Mahl folgt die Rückreise in der Molli retour ins Hotel nach Kühlungsborn. Traumhaft.

Eingeweihte kennen die Molli, zumal es da profunde Kenner der Sache gibt und eine riesige Auswahl von Texten und Publikationen zum Nachlesen einlädt. Dass es mit der langen Geschichte nach 1990 fast zu Ende gewesen wäre, lag in der Natur der Sache des gesellschaftlichen, lies wirtschaftlichen Wandels. Zunächst machten die ausbleibenden Urlauber nach der Wende allen Tourismuseinrichtungen einschließlich der Transportunternehmen existenzielle Sorgen. Sollte es das Ende sein? Optimisten und viele Anwohner stemmten sich dagegen. Irgendwie sollte es zu schaffen sein. 1995 wurde eine Bäderbahn GmbH gegründet und nach und nach kamen Touristen zurück. Dass es seit einigen Jahren gefühlt fast zu viele sind, macht den Eisenbahnern nichts aus. Sie tun Dienst und bieten etwas, das zum Wiederkommen einlädt.

Mollis Lokomotiven sind etwas, was jung und alt fasziniert. Die Geschichte der Bahn ist auch die Geschichte der Lokomotiven. Experten haben es aufgelistet und sprechen von sieben Generationen jener Dampfrösser. Angefangen hat es mit Maschinen, die 50 Pferdestärken aufbrachten und bis zu vier Wagen ziehen konnten. Schon in den 1920ern sprach man von der 4. Generation. Diese Lokomotiven waren in der Lage, anstandslos Gleisradien mit 75 Metern zu befahren. Der fünften Generation, kurz vor dem II. Weltkrieg eingeführt, und der sechsten aus den 50ern folgten nun die heute in Betrieb stehenden Lokomotiven in der siebenten Generation. Und obwohl es mit der Nostalgie immer so eine Sache ist, kann man diese durchaus mit der Moderne verbinden, denn 2007 wurde, abgesehen von dem Nachbau der Saxonia, die erste Dampflokomotive seit über 50 Jahren gebaut: und diese ist bei der Molli im Einsatz. Damit können sich die Bahner rühmen, die erste im 21. Jahrhundert gebaute Dampflok zu besitzen.

Übrigens gab es mal ein Interview mit der Lok 99 321, die sich ihrerseits den Fragen stellte und als Gesprächspartner, viele Loks antworten einfach nicht, ganz wacker schlug: *Auch die vielen Fremden, die im Sommer hierherkommen, schließen gleich Freundschaft mit der Molli-Familie. Die meisten wollen zwar an den Strand, um frische Luft, Sonne und See zu genießen. Andere aber, die mich und meine Schwestern innig lieben, reisen nur wegen uns an. Aufgeregt laufen sie auf dem Bahnsteig hin und her, hantieren mit ihren Fotoapparaten* (heute dazu noch ungezählte Smartphones) *während wir Filmdiva spielen. Die ganz Verrückten fahren mit ihren Autos neben uns her, um uns bei der Arbeit abzulichten. Warum auch nicht: Je mehr Leute uns nett finden, desto besser für uns. Wegen der Leute, die zum Baden an die Ostsee kamen, wurde unsere Familie ja auch gegründet.*

Molli in den Straßen Bad Doberans.

Wer immer noch nicht genug hat, der bleibt und macht seinen Führerschein als Hobbylokführer. Noch ein wenig zurück in die Geschichte geschaut, gab es die eine oder andere Episode. Kaum zu toppen sind die Fahrten durch die Straßen in Bad Doberan oder entlang der Pferderennbahn mitten durch das Ostseeland. Heimelig und dabei zuverlässig geht es mit der Molli im Sommer und Winter in alter Tradition durch eine sonst immer dynamischer werdende Welt. Man kann sicher sein, dass es so noch lange bleibt.

Natürlich wurde mit dem Erschließen der Ostseeküste zum Zweck der Erholung und des Badevergnügens die Insel Usedom zum Objekt der Begierde. Einzigartige Landschaften und wunderschöne Strände waren bis Ende des 19. Jahrhunderts für Auswärtige nur schwer erreichbar. So richtig absehbar war auch nicht, ob der wirtschaftliche Nutzen der Erschließung der Insel tatsächlich eintreten würde. Deshalb zogen sich die Planungen und Umsetzungen des Eisenbahnbaus über viele Jahre hin. Die heutigen auf deutschem Boden befindlichen Eisenbahnanlagen waren zudem die letzten, die in der Konzeption eine Rolle spielten. Die Erklärung liegt auf der Hand, weil die Insel Usedom vom Süden her erschlossen wurde. Die Hauptverbindung war nämlich von der Großstadt Stettin aus bis Swinemünde gebaut worden. Damit war der wichtigste Ort der Insel zunächst mit dem Zug erreichbar. Wegen verschiedener Einflüsse wie einer schweren Sturmflut 1880, die zur Einstellung weiterer Baumaßnahmen führte, war erst einmal Schluss. Die heute wohlbekannten Seebäder Ahlbeck, Heringsdorf und die seinerzeit noch bedeutungslosen Ortschaften Ückeritz, Koserow und Zinnowitz sahen nichts von den Dampfrössern. Das wollten sich Kommunalpolitiker nicht gefallen lassen und wurden aktiv. Es sollten einfach unbekannte Ziele neugierigen und zahlungskräftigen Reisenden zugänglich gemacht werden. So gab der Heringsdorfer Amtsausschuss keine Ruhe und schlug eine Streckenführung vor. Mittels eines Abzweigs von der Hauptstrecke nach Swinemünde sollten demnach Gleise zum schönen Strand verlegt werden. Keine

Antwort, keine Chance, aber auch keine Ruhe gelassen. Nach diesem Versuch 1883 folgten weitere Aktivitäten und 1889 schien man den richtigen Ansprechpartner gefunden zu haben. Der zuständige blaublütige Landrat wurde höflichst gebeten, auf ein entscheidendes Argument einzugehen. Das lautete nämlich, sicher nicht zu Unrecht, Erholung suchende Badegäste wollen gar nicht nach Swinemünde, sondern fänden ihr Glück nur in Heringsdorf und in Ahlbeck. Irgendwie brachte das den Entscheidungsprozess voran. Siehe da, im Juli 1894 wurde der relativ kurze, aber um so wichtigere Abzweig, eröffnet.

Abfahrt aus Heringsdorf.

Der Ausbau ging weiter und aus der kleinen Eisenbahn wurde eine wichtige Bäderbahn, die tausende Menschen bis in die 40er Jahre nutzten. Usedom wurde zumindest im Nachhinein in einer gewissen Weise berühmt, weil der Ort Peenemünde zu einem der wichtigsten Raketenentwicklungsstandorte auserkoren worden war. Das nördliche Usedom wurde 1936 zum militärischen Sperrgebiet und jenseits von Zinnowitz kam kein ungeladener Gast mehr an. Was hat das mit der Bahn zu tun? Für die Transporte und die Lösung verschiedenster Logistikherausforderungen wurde eine eigene Werkbahn gebaut, die 1937 in Betrieb genommen wurde. Bis zum Februar 1945 wurden Raketen produziert und an der legendären V2 weitergeforscht. Es dauerte Jahre bis die beschaulichen Orte der Region in der Nachkriegszeit wieder mit dem öffentlichen Reiseverkehr erreichbar waren. Die Grundstruktur der Werkbahn Peenemünde mit dem Start in Zinnowitz blieb erhalten und gehört seitdem zum System der Bäderbahn.

Die Grenzziehung zwischen Polen und der DDR entlang der Oder bis nach Norden zur Insel Usedom führte rein geographisch dazu, dass die ursprüngliche Erreichbarkeit von Stettin, das seitdem Szczecin heißt, obsolet wurde. Der DDR-Teil von Usedom wurde deshalb von Wolgast her erreicht. Allerdings gab es diese Möglichkeit schon seit 1911, als die Bäderbahn die Strecke Heringsdorf - Wolgast eingeweiht hatte. Was fehlte und nie konsequent geschaffen wurde, war ein Verkehrskonzept, das den Anforderungen einer durchgängigen Erreichbarkeit der Insel vom westlichen Festland aus gerecht wurde. Was jedoch da war, war eine Art von Idylle, selbst wenn dies für nahezu alle Reisenden mit Aufwänden verbunden war. Um auf die Insel zu gelangen, musste man in Wolgast aus den Fernzügen aussteigen und dann zu Fuß oder bei Besonderheiten mit Kutschen, Taxen oder anderem Gefährt zum Anschluss der Bäderbahn kommen. Eine andere Variante war das Übersetzen von Wagen der Eisenbahn per Schiff, das in einem Reiseführer sinngemäß wie folgt beschrieben wird: Wolgast, das Tor zur Insel Usedom, bietet eine maritime Sehenswürdigkeit. Dort liegt die »Stralsund«, Deutschlands ältestes Eisenbahnfährschiff, vor Anker. Seit 1901 in Betrieb war es bald nicht mehr groß genug für das wachsende Aufkommen. Nach 1945 kam ein neues Aufgabengebiet hinzu, nämlich Fahrten auf der Route Wolgast Hafen zur Wolgaster Fähre. Die Deutsche Reichsbahn war bis 1993 Betreiber dieser Linie. Heute ist das Schiff Museum und lädt zum Besuch ein.

Wahre Geschichten werden authentisch, wenn selbst Erlebtes das ergänzt, was erzählt wird oder in zahlreichen Schriften nachzulesen ist. Deshalb soll noch einmal das Thema des Sommerurlaubs in den 60er und 70er Jahren thematisiert werden. Bei dem sehr ausgeprägten Bedürfnis, den Sommerurlaub wenn irgendwie möglich an Strand und Wasser zu verbringen, war es schon herausfordernd für die kleine DDR diesen Wünschen nachzukommen, da sich das Meiste im Land abspielte. So wurden Jahr für Jahr alle Ostseebäder überlaufen und trotzdem fand jeder seinen Ruheplatz. Das galt natürlich genauso für die Insel Usedom. Es sollen Jahr für Jahr 400.000 Urlauber und dazu noch 70.000 Ferienlagerkinder gewesen sein. Egal, ob es auf Zeltplätzen darum ging, den optimalen Stellplatz zu finden, ob es in FDGB-Heimen gelungen war, den passenden Essensdurchgang zu organisieren oder ob es in den zahlreichen Kinderferienlagern einfach um Spaß ging, man musste erst mal auf die Insel kommen. Das war Jahr für Jahr eine Herausforderung für die Bahn, die bei allen anderen Problemen irgendwie immer wieder gelöst wurde. Ein Beispiel war der Einsatz von Sonderzügen für Kindertransporte in die Ferienlager. Wollte man von Leipzig nach Koserow, lief das wie folgt ab: Treffen aller Reisewilligen, noch mit Eltern bis zur Verabschiedung, zwischen Hauptbahnhof Ostseite und Güterbahnhof. Ausgerüstet mit dem Reisegepäck fand jeder schnell einen Platz im Zug und lernte diejenigen kennen, mit denen man nun zwei Wochen on tour sein würde. Je nach Mentalität und

Alter war das was – so eine Nachtfahrt Richtung Norden. Jedenfalls waren am kommenden Morgen nahezu alle ausgeschlafen in Wolgast angekommen. In dieser mit Holzsitzen ausgestatteten Usedom-Bahn kam man recht schnell am Bahnhof Koserow an. Für Großstadtkinder war dies schon eine Art Romantik. Zum Ferienlager war es nicht weit und mit Traktoren oder LKWs befördert kam das Gepäck unversehrt an. Zwei schöne Wochen folgten Jahr für Jahr, soweit man das Glück hatte, dass der Betrieb, in dem die Eltern arbeiteten, über solch ein Objekt verfügte. Die Rückfahrt wurde wieder von der Deutschen Reichsbahn organisiert. Verschiedene Details sind sicher in Vergessenheit geraten, deshalb sei noch einmal beschrieben, was damals für diejenigen zu tun war, die alle Kinder und Erwachsenen Tag für Tag zur Insel und zurück brachten.

Erst einmal zum Thema, warum dieses Umsteigen von Fern- auf Bäderbahn als unvermeidbar galt. Ein einfaches Argument bis 1945 war, dass die von der Bahn betriebene Verbindung der Strecke Stettin nach Swinemünde mit der modernen Brücke bei Karnin teuer genug war und dem Aufkommen entsprach. Später war diese Strecke nicht mehr nutzbar, zumal die Brücke zu Kriegsende gesprengt wurde – bis auf das Rudiment, das heute einen Ausflug wert ist: die Hubbrücke im Peenestrom. Mit der Euphorie des Aufbaus in den 50ern, die immer wieder zwischen Vision und Machbarkeit an Grenzen stieß, gab es dann die Idee, Festland und Insel bei Wolgast zu verbinden. Aber nicht wie landläufig anzunehmen mittels einer Brücke, sondern der durchaus innovativen Variante eines Unterwassertunnels. Wahrscheinlich war dieses Kapitel bereits vorbei, als die erste Kostenrechnung veranschlagt wurde. Also blieb es beim Improvisieren. Lassen wir an dieser Stelle einen Chronisten zu Wort kommen: *Dem Ansturm der Reisenden im Sommer war der*

Die Hubbrücke im Peenestrom.

kurze, schmale und dazu noch im Bogen liegende Hausbahnsteig in Wolgast Hafen keinesfalls gewachsen. Auf dem beengten Bahnhofsvorplatz wartete ein Lastkraftwagen mit Anhänger, der das Gepäck der Reisenden nach Wolgast Färe beförderte. Bei jeder Zugankunft war es das gleiche Schauspiel. Innerhalb von 25 bis 30 Minuten mussten bis zu 1000 Reisende von einem Bahnhof zum anderen gelangen.

Klar, da gab es noch die Forderung der Bahn, dass dem Slogan »Der Koffer reist mit« abzuschwören sei. In dem Gewimmel wäre das nie und nimmer gut gegangen. Also wurde das Gepäck direkt aus dem ankommenden Fernzug auf Handwagen verladen, die wohl sogar von Hunden gezogen wurden. Alles fand sich wie ein Wunder vor dem abfahrtsbereiten Zug der Bäderbahn auf der Insel ohne Ausnahme wieder. Dazu sei noch einmal die Chronik herangezogen: *Findige Köpfe kamen auf die Idee, die einmal verladenen Koffer, Taschen, Rucksäcke, Zelte, Fahrräder (deren Zahl nahm dann in beängstigender Weise zu) usw. gleich von Wolgast aus bis zum Bestimmungsbahnhof auf der Insel zu fahren.* Unternehmertum »Made in GDR«.

Zurück zu den eigenen Erinnerungen. So war das, aber das gehörte halt dazu und jeder wusste, dass er sich zu beeilen hatte. Stress war es keinesfalls, da diese Anreise nun schon zum Urlaub zählte.

Nach der Wende sah es zunächst um das Thema Eisenbahn auf Usedom sehr düster aus. Eine Insel ohne Bahn wäre vorstellbar gewesen. Die 1994 gegründete Deutsche Bahn-Tochter Usedomer Bäderbahn schaffte es seitdem kontinuierlich, Strecken und Züge so zu bewirtschaften, dass man sich heute für absehbare Zeit wenig Gedanken um die Existenz machen muss. Auch wenn es keine von Dampfloks gezogenen Züge mehr sind, die über die Insel fahren, die Idylle und Bequemlichkeit sind erhalten geblieben.

Ein Triebwagen in Ahlbeck Anfang der 1990er Jahre.

WINTERZEIT – SCHÖNE (?) ZEIT

Eisenbahn und Winter ist ein Themenkomplex, der besonders an romantische Aufnahmen erinnert, wenn Züge durch verschneite Landschaften fahren und durch die Lichtverhältnisse interessante Konturen bilden. Dies ist eine der angenehmen Seiten jener Jahreszeit. Für den Betriebsablauf wird es immer etwas komplizierter, wenn die Durchschnittswerte nicht erreicht werden, mit anderen Worten, wenn es zu kalt ist oder wenn zu viel Schnee liegt. Aus den Erinnerungen eines Lokführers sei etwas von dem wiedergegeben, das den unmittelbar Beteiligten zu Höchstleistungen treibt. Nahezu fünfzig Jahre sind vergangen, seit ein für damalige Verhältnisse strenger und langer Winter auch Mecklenburg zu schaffen machte, jedoch nicht zur Kategorie der absoluten Extreme zu rechnen war. Folgen wir den Ausführungen des Eisenbahners Uwe Prestin, die er Anfang der 1990er unter der Überschrift »Nur ein normaler Arbeitstag. Eiszeit« aufgeschrieben hatte. Jener Winter 1968/69 brachte eine schneereiche Jahreszeit und hielt so einiges an Zusatzaufgaben für die Bahnmitarbeiter in Güstrow bereit. Hauptsächlich ging es um das Freihalten der Strecken vom Schnee und um Sonderfahrten in den Fällen, wenn Züge dennoch stecken geblieben waren. Ein Einsatz ging an den Erzähler, der sich als Heizer gemeinsam mit seinem Kollegen, der die Lok fuhr, aufmachte, um in Bützow Hilfe zu leisten. Ein Sauerstofftankwagen sollte zur Abfüllstation nach Rostock gebracht werden, um den dringenden Bedarf der Rostocker Universitätsklinik zu decken. Die Erinnerungen: *Wir klettern auf unsere im dichten Schneetreiben wartende 50 797 und pfeifen den*

Drehscheibenwärter heran. Nach Freigabe der Ausfahrt ging es zum Einsatzort bei ordentlich beräumter Strecke. *Aber es schneit unaufhörlich, und bei 80 Stundenkilometern rückwärts stiebt es durch alle Ritzen.* In Bützow angekommen ging alles schnell und ohne auf das übliche Reglement achten zu müssen: *Jetzt fehlt noch der Fahrplan. »Den braucht Ihr heute nicht.«, meint der Aufsichter, »seit Stunden fährt hier nichts mehr nach Plan.«* Die Fahrt lief gut an, das Schneetreiben wurde dichter, so dass die Geschwindigkeit sukzessive gedrosselt werden musste. Schließlich stoppte der Zug. In Schwaan stand das Signal auf Halt und der Lokführer stapfte los, um Auskunft bei der Aufsicht zu bekommen. Die Information war nicht schön, die der Lokführer bekam, überraschend allerdings auch nicht. *»Vor Euch hat sich einer festgefahren« sagt der Aufsichter. Wir trinken heißen Kaffee und warten. Nach einer Stunde geht es weiter, zunächst nur bis zum sieben Kilometer entfernten Pölchow.* Dort erhielten die beiden die Order, den nur noch bedingt fahrbereiten D-Zug aus Berlin kommend bis zum Ziel nach Rostock zu unterstützen, indem die Lok am Schluss des Zuges ankoppelte und einfach mitschob. Das war nun ein Akt, der auch nicht jeden Tag passierte. Deshalb beschrieb Prestin noch beeindruckt vom Manöver: *Wir schieben vorsichtig an. Ich werfe Stückkohle nach, der Meister bewegt vorsichtig Regler und Steuerung. In Höhe der alten Brücke hinter Pölchow ist der Einschnitt am tiefsten. Dort wirft es uns plötzlich ruckartig nach vorne.* Der D-Zug war in eine dicke Schneewehe gefahren und übertrug diese Aufprallkräfte bis zur schiebenden Dampflok. Die »platte« Bemerkung des Lokführers dazu: *»Mensch, dat wier ja, as wiern wi gägen ne Wand führt.«* Im dichten Schneetreiben ging es zwar weiter, ein wirklicher Sichtkontakt bestand aber nicht mehr. Erfahrene Bahner mussten sich so auf das Gefühl verlassen. Und es ging gut. Zwischendurch stöhnte der Lokführer: *»Jung, ick seih den Toch vör uns nich miehr. Hest du denn ok öwerhängt?«* Quasi Blindflug. Im Hauptbahnhof in Rostock wartete die Rangierlok, die den Sauerstoffwagen zur Abfüllstation bringen sollte. Das wartende Spezialfahrzeug des Krankenhauses stand ebenfalls bereit, so dass Prestin und sein Chef alles richtig gemacht hatten. Zudem hatten sie einige hundert Reisende des D-Zuges gleichfalls zu deren Ziel begleitet. Fazit: es war 23 Uhr und für schlappe 42 Kilometer waren zwölf Stunden draufgegangen - Winter halt.

Zurück in Güstrow wartete der Feierabend noch nicht. Die Strecke über Mistorf nach Güstrow sei freizuschieben. Los ging es, mit dem Schneepflug vornweg. Zuerst war es ein Kinderspiel, doch hinter Schwaan lag der Schnee schon wieder sehr hoch. Langsamer ging es weiter. An der Ausfahrt in Lüssow müssen wir anhalten. Der Aufsichter schüttelt verständnislos den Kopf: *»Zweihundert Meter vor Euch steckt der D-Zug im Schnee und Ihr kommt hinter ihm her mit dem Schneepflug an der Spitze. Wer hat sich diesen Blödsinn einfallen lassen?« Wir zucken mit den Schultern.* Was tun? Pragmatisch handeln. Aus der Lok raus und zur nahe gelegenen LPG, deren Bauern wussten, was zu tun war. Eine Stunde später schippten dreißig Leute vor dem D-Zug den Schnee vom Gleis. Prestin, der Lokführer und die Jungs vom D-Zug waren ebenfalls dabei. Prestin konnte sich ein Lächeln nicht verkneifen: *Vorne schaufeln wir mit Muskelkraft und 200 Meter dahinter steht hilflos moderne Technik.* Im Vorhinein war das auch nicht zu erahnen. Auch diese letzte Episode verlief gut, der D-Zug kam frei und die beiden Güstrower fuhren die sechs Kilometer zurück ins Betriebswerk bergab, so dass die langsam zu Ende gehende Kohle kein Stirnrunzeln fabrizieren musste.

Winter 1979 bei Subzin-Liessow.

Es gab allerdings Winter, in denen über Tage an Eisenbahnverkehr nicht zu denken war. Im Gedächtnis hängen geblieben sind in den Regionen des heutigen Bundeslandes Mecklenburg-Vorpommern die ersten Tage und Wochen des Jahres 1979. Es herrschte Chaos überall, besonders auf der Insel Rügen ging nichts mehr. Spektakulär waren die eingeschneiten Eisenbahnen. Schneeverwehungen auf den Gleisen und vereiste Weichen stoppten den Bahnverkehr. Teilweise blieben Züge über Tage stecken. Mehr als drei Tage wütete der Schneesturm, dazu Temperaturen bis zu 17 Grad minus, mehrere Meter hohe Schneewehen. So einen Jahreswechsel hatten die Menschen auf Rügen noch nie erlebt. 40 Ortschaften waren auf der Insel tagelang von der Außenwelt abgeschnitten. Der Zugverkehr zwischen Stralsund und Saßnitz war über vier Tage komplett unterbrochen. Bis zu sechs Meter hohe Schneeverwehungen mit Flugsand vermischt wirkten wie Beton und machten ein Vorankommen für die Hilfskräfte unmöglich. So sprengten Soldaten der NVA vereinzelt Schneeberge wie auf der Eisenbahnstrecke von Bergen nach Saßnitz. Erst nach Tagen beruhigte sich das Wetterextrem allmählich, aber erst am 8. Januar 1979 konnten die ersten Verkehrswege nach und auf Rügen wieder geöffnet werden.

Spätere sehr kalte und schneereiche Winter in Mecklenburg-Vorpommern wie 1986/87 oder 2009/10 waren dagegen eine Lappalie für die Herausforderungen an die Eisenbahn, auch wenn es immer wieder zu Einschränkungen kam.

Winter 2009/2010 auf der Strecke Greifswald - Stralsund.

Anmerkung Januar 2017. Im spon wurde folgende Nachricht gefunden: *Ein Schneemann auf den Bahngleisen bei Wesenberg hat zur Vollbremsung eines Zuges geführt. Aus Sicht des Zugführers hätte es sich gestern Abend bei dem etwa 1,50 Meter hohen Schneemann im Landkreis Mecklenburgische Seenplatte auch um einen Menschen handeln können, teilte die Polizei mit. Deshalb habe er seinen Zug sofort mit voller Kraft gebremst, wodurch ein Sachschaden von etwa 5000 Euro an der Bremsanlage entstand. Die Polizei suche jetzt nach drei unbekannten Tatverdächtigen, sagte ein Beamter heute am frühen Morgen.* Kommentar des Journalisten: *Wieso um alles in der Welt geht die Bremse an einem Zug kaputt, wenn man sie benutzt?*

ALTES SCHÄTZCHEN RESTAURIERT

Diese kleine Geschichte ist mal etwas, das die Aktualität mit der Historie verbindet und zudem ein vielleicht nicht allzu bekanntes Detail der Eisenbahnwelt wiedergibt.

In einem Newsletter für Mitarbeiter des Energieunternehmens RWE fand sich ein Bericht über die liebenswerte Arbeit von Enthusiasten, die sich mit der Restaurierung alter Eisenbahnen beschäftigen. Vorangesetzt sei, dass die Eisenbahngeschichte Mecklenburgs auch eine des Waggonbaus ist. In Wismar wurde bereits 1894 eine entsprechende Fabrik gegründet, die bis Mitte der 1940er erfolgreich am Markt war und erst durch die Konzentration des Waggonbaus zu DDR-Zeiten in Dessau ihre ursprüngliche Funktion verlor. Nahezu alle im Norden Deutschlands betriebenen Eisenbahngesellschaften kauften bis dahin in Wismar ein. Einer dieser damals gebauten Wagen ist erhalten geblieben. 1928 tuckerte der Wismarer Personenwagen 202 erstmals über die Gleise und galt seinerzeit als sehr komfortabel. Dieser historische Waggon kam in die Obhut des Grafschafter Modell- und Eisenbahnclubs aus Nordhorn in Niedersachsen. Warum? Der Wagen sollte restauriert werden. Das kostet Geld und eine Menge an Zeit. So sahen sich Verantwortliche der RWE mit regionalem Bezug zu Mecklenburg dazu berufen, hier ein Projekt zu unterstützen. Warum nun RWE? Der Generator des Wagens, ohne den die Wagenbeleuchtung und die Dieselheizung nicht funktionieren, war eine Herausforderung, wenigstens was seine Aufarbeitung anging. Und mit Stromthemen können die Sponsoren umgehen und kennen sich aus. So gelang es, den 24-Volt-Achsgenerator hinzubekommen. Zunächst wurde der Generator zerlegt, alle Teile, wie es hieß, *akribisch überholt*, wieder zusammengesetzt und ein tolles Resultat erzielt. Trotz des hohen Alters wurden keine Neuteile benötigt, so dass das Trimmen auf alt wegfiel, wie man lächelnd ergänzen konnte und den gleich folgenden Grundsatz nicht beachten musste. Eine schöne Eisenbahngeschichte. Die Arbeit am Mecklenburger Kleinod (wenn man einen doch ziemlich großen Wagen so nennen kann) findet an Wochenenden statt. Wenn dieses Buch erscheint, soll auch die Geschichte der Restaurierung abgeschlossen sein. Das Ergebnis: ein einsatzfähiger Waggon für Sonderfahren, der mit 60 Sitzplätzen einigen Interessenten Platz gewähren wird.

Während der Restauration.

Wie das alles funktioniert, wissen die Protagonisten. Einer der angedeuteten Grundsätze: »Komponenten neu fertigen und auf alt trimmen«. Kontakte zu anderen Vereinen sind lebensnotwendig, das alte Handelsprinzip Ware gegen Ware floriert. Einer soll gesagt haben: *Gib mir Deinen Radsatz, dann kriegst Du meine Sitzbänke.*

Der alte Generator wird aufgearbeitet.

Als der Autor diese Zeilen schrieb, konnte sich der Wagen 202 von außen schon sehen lassen. Die Blechverkleidung war erneuert. Sie ist mit rund 1000 Nieten befestigt und Sinnbild für die aufwendigen Arbeiten. So wie unser Buch mit den Geschichten in den Druck geht, wird sich der Wismarer Personenwagen dem Eisenbahn-TÜV stellen. Dann erreichen beide ihre Nutzer, den Leser und die Mitfahrer.

Viel Erfolg allen, die Ähnliches stemmen und die Geschichten um die Eisenbahnen in Mecklenburg-Vorpommern am Leben erhalten.

DER IMMOBILE ZUG

In der Zeit der Streckenstilllegungen und dem Versuch, manches über touristische Aktivitäten zu kompensieren, gab es eine sehr originelle Idee. Es war Ende der 1990er. Ein Zug mit einer Lok und neun Wagen wurde umfunktioniert zu einer Herberge. Findige Unternehmer hatten ein Projekt initiiert, mit dem man Eisenbahnromantik und Erholung gut zusammensetzen konnte. Mitten im Nationalpark Müritz stellten sie ausrangierte Bauwaggons auf ein ungenutztes Gleis neben der Bahnstrecke in Kratzeburg. In diesen Wagen konnten bis zu fünfzig Touristen ein Dach über dem Kopf finden. Um den Blick nicht nur auf Bahngelände richten zu müssen, wurde ein Wagen umgebaut und mit einem Panoramafenster ausgestattet, das den Blick freigibt in Richtung des nahe gelegenen Käbelicksees. Damit war es noch nicht genug, denn in einem weiteren Wagen gab es ein Weinabteil samt Bar. Der nächste fungierte als Marketenderwagen mit Kiosk und Gastraum. Ein weiterer war der Gesellschaftswagen mit diversen Freizeitangeboten, um den Gästen auch bei regnerischem Wetter die Zeit zu vertreiben.

Höhepunkt des Zuges war die Lok, eine von außen eher spartanische und wenig anziehende Diesellokomotive der Baureihe 132. Aber innen! Dort befanden sich zunächst die Rezeption und ein mietbares Apartment. Als Höhepunkt für den Eisenbahnfreund entpuppte sich der Führerstand. Dort konnte nicht nur Kaffee gekocht werden, sondern von dort aus genoss man den Blick genau wie ein Lokführer zur Eisenbahnstrecke, die Berlin mit Rostock verbindet und auf der ab und an ein Zug vorbeirauschte.

Übernachtung im Zughotel.

Wunderbare Idee, schöne Umsetzung, leider musste alles wieder aufgegeben werden, weil es betriebswirtschaftlich nicht aufging. Trotzdem Respekt im Nachhinein. Für eine wahre Geschichte ist dieses Projekt auf jeden Fall gespeichert.

LOKFÜHRER – TRAUMBERUF?

Der Berliner Lokführer Jochen Kretschmann erinnerte sich in einem Bericht an seine Erlebnisse aus den 1950ern, als er mit seinen Dampfloks durch Mecklenburgs Fluren fuhr. Geprägt von den Jahren des Krieges vertrat der Vorsteher dem jungen 19 Jahre alten Eisenbahner gegenüber die Meinung, dass man in diesem Alter nicht zu jung sei, *um eine Me 109* (eine einsitzige Messerschmitt) *oder Fw 190* (eine einsitzige Focke-Wulf, genannt »Würger«) *zu besteigen und nach 150 Flugstunden Ausbildung als Jagdflieger den scheinbar aussichtlosen Kampf mit einer waffenstarrenden B 29* (US-amerikanischer Langstreckenbomber) *aufzunehmen.* Dagegen sei eine Dampflok Marke P 8 (eine in Berlin gebaute Personenzug-Dampflokomotive, die als Typ bis Anfang der 1970er im Einsatz war) geradezu ein Kinderspiel. Gesagt, getan, Kretschmann kam auf eine P 8-Lokomotive. Was er zu tun hatte, entsprach dem Profil des 7. Mannes, einfacher ausgedrückt: er war der Springer. Immer wenn einer vom Stamm ausfiel, weil er krank oder in Urlaub war, stand Kretschmanns Name im Dienstplan – mit dem Vorteil, dass er sowohl Heizer als auch Lokführer sein konnte. Dass er öfter in Mecklenburg zu tun bekam, hatte mit einem Eilzugpaar zu tun, das von Berlin nach Neubrandenburg und von der Bezirksstadt aus über Stavenhagen, Malchin, Teterow, Güstrow nach Rostock fuhr. *Der Zug bestand zunächst aus vier Oberlichtwagen und einem Postwagen.* Mit dem zunehmenden Bäderverkehr reichten die Plätze im Sommer schon bald nicht mehr aus, so dass weitere Wagen dazu kamen und die Kapazität der Lok herausforderten. Kretschmann: *Bei einem solchen Zug hat man mit einer P 8 absolut nichts mehr zu verschenken. Als Trostpflaster erhielten wir für den Zug zwei Tonnen Steinkohle zugeteilt.* So wartete richtige Arbeit auf die Besatzung. Eines Tages, so die Erinnerungen, wurde der Erzähler als Lokführer eingeteilt, was er als »Fast-Unglück« bezeichnete. An jenem Tag begann der Dienst um 19 Uhr in Berlin. Kretschmann tanzte, wie er es beschrieb, schon zwei Stunden vorher um die Lok herum, untersuchte und prüfte alles. Solch ein Eilzug war schon eine Herausforderung. Nach dem Warmwerden mit dem Heizer begann die Fahrt durch Berlin und das Brandenburgische und bald erreichte man die Mecklenburger Region. Klar und deutlich, wie ein Lokführer es ausdrücken kann, beschrieb Kretschmann die Fahrt: *Die Maschine legt sich in die Kurve. Durchfahrt frei! Kurz donnern die Räder über eine kleine Brücke, dann eine Linkskurve … Bloß jetzt nicht in die Regler kneifen, laufen lassen, wenn du knapp mit der Fahrzeit bist. Und ich war knapp mit der Fahrzeit. Als die Maschine durch die Kurve ging, begriff ich erst, was der alte Vater Garbe (der Berliner Konstrukteur Robert Garbe) uns mit der Konstruktion der P 8 für ein Geschenk bereitet hatte.* Geschmeidig lief es, das Fahren machte richtiggehend Spaß. Weiter durch Wälder, dann über Felder, eine lange Gerade und dann: »Strelitz Alt – Durchfahrt« rief dem Lokführer sein Heizer zu. Nach der Passage des Bahnhofes, *in Bruchteilen von Sekunden erhellten Bahnsteiglampen das Halbdunkel*, wurde das Mecklenburger Land weiter über die Schienenstrecke durchquert. *In Neustrelitz musst Du Wasser nehmen, geht es mir durch den Kopf – aber am Nordende gibt es keinen Wasserkran mit Gelenkausleger … Wenn es da nicht passt – zurückdrücken oder vorziehen ist nicht. Zaghafter Blick zu dem Mann an der linken Seite »Schaffen wir's, mit einem Ritt bis zu dem Wasserkran?«* Die Meinungen gingen auseinander, also lieber abhängen, um das Risiko eines zu hohen Zeitverlustes zu vermeiden. Die P 8 erreichte den Wasserkran mit dem vertrauten: »Wuff - wuff - wuff«. *Um Zeit zu sparen, entere ich über die Kohle den Tender, will die Klappe öffnen – da trifft mich der volle Druck des Wasserstrahls.* Pech gehabt, Kretschmann triefte vor Nässe. Das Grundnahrungsmittel Karo (eine filterlose Zigarette) war natürlich nicht mehr zu gebrauchen, aufgeweicht. Der Heizer Nichtraucher, das grenzte an jenes »Fast-Unglück«. *Die aufgeweichte Karo vom Papier gelöst, den Tabak in die Blechschachtel gestreut – und alles während der Fahrt. Den Rest könnte man in der Pfeife rauchen,* so Kretschmann, der dies nicht als Synonym meinte.

Lokführer Kretschmann bei Neustrelitz.

Der Einsatz hatte sich gelohnt. Das Wassertanken war geschafft. Bremsprobe und planmäßige Weiterfahrt. Nun warteten Bahnhöfe oder Haltepunkte wie Thurow, Blankensee. Neubrandenburg erreichten die beiden ohne Probleme, denn mit 125% in der Bremse und bei dem langen Einfahrweg zum Bahnsteig ist das keine Kunst, den Zug zum Stehen zu bringen. Der Small Talk mit dem Fahrmeister, einem biederen Mecklenburger, den nichts aus der Ruhe brachte, endete wie fast immer mit dessen Hinweis, dass es bei solcher Gelassenheit beim Weltuntergang passieren wird, dass Mecklenburg erst 14 Tage später dran sei (oder welche Zeiten jeweils kolportiert werden). Die nächsten Durchgangsorte Weitin, Mölln, Kleeth wurden pünktlich passiert, um dann die Fritz-Reuter-Stadt Stavenhagen zu erreichen. Der an Bord rechts stehende Fahrmeister meinte nun zur Besatzung, dass sie doch Berliner wären. Klar, das seien sie. Und nun in Zeiten nicht optimaler Versorgung, etwas zurückhaltend: *»Habt ihr für Vaddern nich mal ,ne Pipe »Westtabak« übrig?« Ich deutete auf meine Schachtel auf der Feuertür, auf der ich die Reste der aufgeweichten Karo getrocknet hatte und bot es an.* Also griff der Mecklenburger zu, holte das Ungetüm einer Tabakspfeife hervor und stopfte den Karotabak (der nicht ohne war) hinein. Das merkte der Raucher sogleich und meinte: *»Dat is ein Tabak, min Jung. Dat is ein Aroma.«* Aus Ost wurde West - zumindest in der Einbildung. Die Fahrt ging dem Ziel entgegen, das Bett wartete. Die beiden Berliner genossen das Mecklenburgische: *den salzigen, frischen Geruch von See her.*

Lokführer Kretschmann bei Schwaan.

Die Rückfahrt stand an. Trotz pünktlichen Weckens verschliefen die beiden Berliner es schlicht. Die Luft war wohl zu frisch. Zehn Minuten zu spät ging es los, zu hektisch und zu schnell waren beide dabei, um die verlorene Zeit wieder einzuholen. In Malchin: *eine halbe Loklänge hinter dem Ausfahrtsignal. Der Assistent rieb sich nur das Kinn und meinte, er könne sich das nicht erklären. Zum Glück fragte niemand danach.*

Dann kam es aber knüppeldick und endete mit der Frage: Lokführer = Traumberuf? Auf Mecklenburger Flur ging es mit Tempo 100 Richtung Süden, die Zeit war drin und die Fahrt sollte routinemäßig enden. Aber plötzlich bemerkten die beiden Bahner eine Person auf dem Gleis. Die Dampfpfeife gellte, einmal, zweimal. Die Person bewegte sich nicht. Die einzige Chance war eine Notbremsung, obwohl die Distanz in Sekundenbruchteilen immer geringer wurde. Beide schrien, warum da keine Reaktion erfolgte. Noch siebenhundert Meter. *Das da vorne geht nicht aus dem Gleis, oder will nicht? Der Hebel des Führerbremsventils fliegt in die Schnellbremsstellung, Druckluft faucht. Zusatzbremse, Sandstreuer. Fünfhundert Meter, vierhundert.* Beide standen nun hilflos auf der Lok und Kretschmann fluchte verzweifelt: *Du alte Krücke, bleib doch endlich stehen.* Nun erkannten beide, dass da ein Kind auf den Gleisen stand. *Wie rasend drehe ich an der Steuerung auf rückwärts, reiße die Zylinderhähne auf, versuche zu kontern. Sollen doch die Deckel zum Teufel gehen.* Zweihundert Meter. Hundert Meter. Dann stand die Lok. Wo war das *Kind? Runter vom Führerstand, wie ein Feuerwehrmann bei Alarm an der Rutschstange. Blick zurück, unter die Wagen. Nichts.* Dann Glück pur, unmittelbar vor der Lok saß ein kleiner blonder Junge, Schottersteine in der Hand, mit denen er seinen bunt bemalten Pferdewagen beladen wollte. »Eisenbahn« sagte der Kleine und lächelte. Der Lokbesatzung schien es den Boden unter den Füßen wegzuziehen, aber die Freude, dass nichts passiert war, überwog. Der Junge gehörte übrigens zur Familie des Schrankenwärters, die nichts vom Verschwinden des Sohnes bemerkt hatte. Als sie ihr Kind in die Arme nahmen, waren es Bestürzung und Erleichterung in einem. Die Verspätung des Zuges erfolgte ohne Meldung des wahren Grundes. Es sei ja nichts passiert. Kretschmann: *»Schreib einfach: Zuglok zum E 316 verspätet aus dem Bahnbetriebswerk – Lokführer hatte verschlafen.«*

Wenn der Junge von damals heute noch lebt, sollte er in der zweiten Hälfte der 60er sein. Vielleicht kennt ihn jemand?

UNGLÜCKSFÄLLE

Natürlich passierten in Mecklenburg-Vorpommern in der Geschichte der Eisenbahn immer wieder Unfälle. So 1902, als der Hamburger Schnellzug mit dem Stettiner Personenzug bei Bützow zusammenstieß, oder 1908 in Stühlow, als beim Entgleisen eines Zuges zwei Bahnbeamte ums Leben kamen. Das schwerste Unglück in Mecklenburg passierte 1964.

Ort des Unglücks war der Bahnhof Langhagen, der an der Strecke Berlin – Rostock liegt. Ein Güterzug mit zwölf Güterwagen, die jeweils 1000 Tonnen schwer mit Kies beladen waren, fuhr auf einem Anschlussgleis. Nach der Anweisung des Fahrdienstleiters sollte der Güterzug bis zum Signal fahren, das die Ausfahrt ins Streckengleis sicherte. Der Halt wurde nötig, um den ankommenden Schnellzug D 1193 von Berlin in Richtung Rostock Hauptbahnhof passieren zu lassen. *Der Heizer bezog das Signal des Streckengleises, das für den Schnellzug »Fahrt frei« zeigte, auf die eigene Zugfahrt und rief dem Lokomotivführer zu, dass sie freie Fahrt hätten und fahren könnten.* Der Lokomotivführer nahm die Information an und beschleunigte. Dabei bemerkte er nicht, dass die Weiche falsch gestellt war, nicht in Richtung Streckengleis. Er bewegte sich auf dem so genannten Stumpfgleis, das im Anschluss an eine Schutzweiche vor unzulässigen Ausfahrten in das Streckengleis sicherte. *Den Prellbock an dessen Ende überfuhr er, Güterwagen entgleisten und deren Kiesladung kam auf dem Streckengleis zu liegen. Durch die Wucht des Aufpralls wurde der erste Güterwagen zunächst senkrecht nach oben gedrückt und ragte in das Lichtraumprofil des Streckengleises, auf dem der Schnellzug unmittelbar darauf die Unfall-*

stelle mit 105 km/h passierte. Er traf den in sein Lichtraumprofil ragenden Wagen, der in den vorbeifahrenden Zug stürzte. Fünf Wagen des Schnellzuges schoben sich bei der Kollision ineinander. Die Zerstörungen waren immens. Drei Wagen wurden total zerstört, drei weitere schwer beschädigt. Die Liste der menschlichen Opfer war noch schlimmer: 44 Menschen starben, 70 weitere wurden verletzt. Die Höhe des finanziellen Schadens belief sich auf fast zwei Millionen DDR-Mark. Wie in vergleichbaren Fällen waren am Rettungseinsatz zahlreiche Helfer der Feuerwehr, des Roten Kreuzes, der Polizei und der Volksarmee beteiligt. Selbst in der Nähe stationierte sowjetische Soldaten hatten geholfen. Im Ergebnis der Auswertungen wurden technische Konsequenzen gezogen, indem alle Hauptstrecken mit Vorrichtungen versehen wurden, die bei einem Zug, der an einem »Halt«-gebietenden Signal vorbeifuhr, automatisch eine Zwangsbremsung einleiteten. Ein juristisches Nachspiel für die Verursacher gab es mit einer Anklage des Lokomotivführers und Heizers des Güterzugs wegen fahrlässiger Verursachung eines Unfalls mit Personenschaden.

Mit weniger Opfern endete das Unglück in Holthusen am Silvestertag 1992. In der Ostseezeitung war zu lesen: »Schwerin. Ein Zusammenstoß eines D-Zuges mit einer Rangierlok im Bahnhof Holthusen bei Schwerin am Donnerstag hat ein Todesopfer und neun Verletzte gefordert. Der Lokführer des Schnellzuges konnte nur noch tot aus den Trümmern der ineinander verkeilten Lokomotiven geborgen werden. Ein Reisender sowie zwei Eisenbahner vom Zugpersonal und ein Mitropa-Mitarbeiter mussten verletzt in das Klinikum Schwerin gebracht werden, fünf weitere Personen wurden leicht verletzt. Das Unglück wird auf menschliches Versagen des Fahrdienstleiters zurückgeführt. Es entstand Schaden in Millionenhöhe.« Jener wenig erfahrene Fahrdienstleiter hatte es versäumt, die Weichenverbindung von zwei Gleisen wieder in die Grundstellung (fachmännisch: gerade Lage) zu stellen, bevor er der Rangierfahrt zustimmte. Letztlich war es zu spät, einer Kollision mit einem Zug zu entgehen. Der Fahrdienstleiter reagierte noch und forderte die beiden Männer auf der Rangierlok auf, sich in Sicherheit zu bringen. Beide schafften es. Der Schnellzug war bereits zu nahe, um dem Aufprall zu entgehen. Das Einfahrsignal zeigte »Fahrt mit Höchstgeschwindigkeit« an. So fuhr der Zug mit weit über einhundert Stundenkilometern in den Bahnhof. Für den Lokführer des D-Zuges gab es keine Chance. Mit der hohen Geschwindigkeit prallte die Lokomotive des Schnellzuges um 7.23 Uhr auf die falsch geleitete Rangierlokomotive. Die Wucht des Aufpralls war so groß, dass dieser Stahlkoloss mehr als einhundert Meter mitgerissen wurde. Beide Lokomotiven verkeilten sich ineinander. Der Lokführer bezahlte den Fehler seines Kollegen mit dem Leben.

EINE FRAU IM EISENBAHN-TOP-MANAGEMENT

In den »Schriften zur Geschichte Mecklenburgs« wurde eine Autobiographie publiziert, die von einer Topmanagerin bei der Bahn berichtet. Nur nannte man zu ihrer Zeit diese Funktion noch nicht so. Es war Renate Fölsch, die als sehr bemerkenswerte Persönlichkeit der Deutschen Reichsbahn in Erinnerung blieb. Erstmals übernahm eine Frau, ohne die mittlerweile in Mode kommenden Quotenregelungen in Großunternehmen, bei den deutschen Eisenbahnen Verantwortung für strategische Entscheidungen im Unternehmen und das über eineinhalb Jahrzehnte. Ihr Zuständigkeitsbereich war zu DDR-Zeiten der Reichsbahndirektionsbezirk Schwerin mit den Gebieten von drei Reichsbahnämtern, denen in Rostock, Güstrow und Wittenberge. Zunächst bekleidete sie die Spitzenfunktion als Vizepräsidentin und war von 1982 bis 1990 RBD-Präsidentin. Das kam einer Personalverantwortung für über 16.000 Mitarbeiter gleich. Der Werdegang von Renate Fölsch begann typisch für die DDR 1952 mit einer Lehre auf dem Ausbildungsbahnhof Neustadt/Dosse. Danach studierte sie an der Ingenieurschule in Gotha. Zurück nach Mecklenburg arbeitete sie ab 1960 auf den Bahnhöfen Güstrow und Bützow und ab 1963 im Reichsbahnamt Güstrow. *Dabei begann bereits im Jahre 1960 die Einmaligkeit ihrer Laufbahn bei der Deutschen Reichsbahn: mit 21 Jahren wurde sie Dienstvorsteher des Bahnhofes Bützow.* Ab 1965 avancierte sie zum Amtsvorstand des Reichsbahnamtes Güstrow und war damit erstmals als Frau in solch gehobener Dienststellung, von denen es 27 gab. 1975 hatte sie alle Stufen auf dem Weg nach oben erklommen.

Die Erinnerungen von Renate Fölsch beinhalten eine Menge relevante Aspekte für die Eisenbahn in Mecklenburg, die auch nachwendig wenig umstritten waren. Nebenbei bemerkt kümmerte sie sich um die historisch in ihre Zeit fallenden Jubiläen wie dem 100. der Strecke Teterow - Gnoien und ebenfalls dem 100. der Strecke Bad Doberan - Kühlungsborn, der Schmalspurbahn »Molli«.

Renate Fölsch 1986 in Bützow.

Während die Deutsche Reichsbahn durch Reparationsleistungen an die Sowjetunion nach 1945 zunächst in ihren Möglichkeiten stark eingeschränkt war, vollzog sich in den Folgejahren ein echter wirtschaftlicher Boom mit extremer Streckenerweiterung, Elektrifizierung und Prozessoptimierung. Renate Fölsch hatte diesen Prozess aktiv mit vorangetrieben, so dass Insider von einer herausragenden Lebensleistung sprachen.

Klar war Renate Fölsch von dem, was sie tat und für wen sie es tat, überzeugt. Mit dem Untergang der DDR war so ihre Zeit abgelaufen, weil sie sich nicht wenden wollte. So übergab sie als *Präsidentin der Reichsbahndirektion Schwerin im Oktober 1990 schweren Herzens ihre Geschäfte.* Mit der Amtsübergabe endete für Renate Fölsch nach 38 Berufsjahren eine »Karriere«, deren Verlauf selbst für die Frauenpolitik in der DDR nicht schablonenhaft war. Konsequent in ihrer Art, sie blieb noch drei Jahre in der Berliner Zentrale der Deutschen Bahn, zog es Renate Fölsch vor, sich 1993 per Aufhebungsvertrag zu verabschieden, weil, so liest man es »ungewendet« in ihrem Buch, »der Inhalt meiner Arbeit für die Deutsche Reichsbahn von 1952 bis 1990 stets auf ein schönes Leben aller Menschen in sozialer Geborgenheit ausgerichtet war.« So hat jeder seine Sicht und überall steckt ein Körnchen Wahrheit. Fakt für die Eisenbahngeschichten in Mecklenburg-Vorpommern bleibt es, dass es eine Frau in einer Männerdomäne ganz weit nach oben geschafft hatte.

ALLES WOHL GEORDNET

Es ist kein Geheimnis, dass die Komplexität der Eisenbahn nur dann eine Chance hat, wenn wirklich jedes Detail geregelt ist. Das war so bei Beginn der Planungen der allerersten Eisenbahnen und ist es geblieben bis heute.

In Mecklenburg-Vorpommern wurde ähnlich wie in anderen Bundesländern, die auf dem Gebiet der DDR entstanden, manches übernommen, was zur Zeit der Planwirtschaft entwickelt wurde, aber in der Marktwirtschaft genau so gut anwendbar war. Willkürlich herausgegriffen ist für die Geschichten der Eisenbahn die Anordnung über den Bau und Betrieb von Anschlussbahnen. Das ist ein Thema, das immer wieder benötigt wird, um sinnvolle Verbindungen von den Haupttrassen zum Anlieger herzustellen. Spannend für den Nichtfachmann ist die Vielfalt, die zu beachten ist. Abschnitte, Paragraphen, Unterpunkte sind für das scheinbar einfache Thema in Fülle aufgezeichnet, um nichts dem Zufall zu überlassen. Weil es nun 1990 bei der Gründung des Bundeslandes Mecklenburg-Vorpommern schnell gehen musste und Themen der Eisenbahn auch nur einen Bruchteil aller zu regelnden Abläufe waren, übernahm man die Anordnung der Deutschen Reichsbahn aus dem Jahr 1983 und arbeitet noch heute mit ihr. Ob es analoge und einfachere Vorschriften bei der Deutschen Bahn gab oder warum diese nicht zum Zuge kam, werden die Experten wissen. Immerhin waren zu jener Zeit beide Unternehmen Staatsbahnen und noch nicht vereint zur Deutschen Bahn. Das erfolgte erst 1994.

Jene Anordnung umfasst 67 Paragraphen und beginnt mit der Fußnote, dass gemäß *Anlage 11 Kap. XI Sachgeb. A Abschn. III Nr. 2* des Einigungsvertrages die Bau- und Betriebsordnung für Anschlussbahnen nach Wirksamwerden des Beitritts in Kraft bleibt. Was eine Anschlussbahn per Definition ist, findet man im Text, nämlich *die Anschlussbahnen beginnen im allgemeinen mit der Anschlussweiche. Beginnt die Anschlussbahn nicht mit der Anschlussweiche, legt die Staatliche Bahnaufsicht die Grenze der Anschlussbahn zur Deutschen Reichsbahn und gegebenenfalls zu Nebenanschließern fest.*

Dann geht es los, Abschnitt für Abschnitt und Paragraph für Paragraph.

Im Abschnitt I werden alle allgemeinen Fragen abgehandelt und beispielsweise darauf hingewiesen, dass Bahnen von Kombinaten keine Anschlussbahnen seien. Ist auch egal, weil es die Kombinate lange nicht mehr gibt. Das gilt ebenso für den Text der Grundforderungen, dass die Anschlussbahnen *als Bahnen des nichtöffentlichen Verkehrs Bestandteil des einheitlichen sozialistischen Transportsystems der Deutschen Demokratischen Republik und dienen der optimalen Erfüllung der staatlichen Planaufgaben* zu sehen sind.

Viel wichtiger ist auch die organisatorische Umsetzung der Passagen der Anordnung, die nichts mit Politik und Staatsordnung zu tun haben. Solche finden sich schon in Aussagen, das Ziel der Wirtschaftlichkeit zu erreichen und so dem Sinn eines privatwirtschaftlichen Unternehmens nicht zu widersprechen. Selbst der Umweltschutz wurde nicht vergessen. Es heißt, *Anschlussbahnen sind so zu gestalten und zu entwickeln, dass die Transporte jederzeit in hoher Qualität und mit geringstem Energie- und Kostenaufwand kontinuierlich und sicher entsprechend den Grundsätzen einer volkswirtschaftlich zweckmäßigen Aufgabenteilung zwischen den Transportträgern durchgeführt werden können. Den Nachweis hier-*

über hat bei neu zu bauenden Anschlussbahnen der Investitionsauftraggeber, sonst der Anschließer zu erbringen. Heute nennt man wohl die Auftraggeber Investoren.

Ein Paragraph regelt die Personenbeförderung, dass *zur Einrichtung von Personenbeförderungen auf Anschlussbahnen die Genehmigung des Leiters der Staatlichen Bahnaufsicht des Ministeriums für Verkehrswesen erforderlich* sei.

Weitere Abschnitte mit entsprechenden Paragraphen behandeln die Zustimmungs- und Genehmigungsverfahren, die bahnaufsichtliche Prüfungen, die Bahnanlagen.

Im § 9 wird festgelegt, dass für die Betriebsführung mit Triebfahrzeugen oder sonstigen Rangiermitteln - die »Genehmigung zur Aufnahme der Betriebsführung« durch die Staatliche Bahnaufsicht erforderlich sei, *außer für Einradwagenschieber und Handseilwinden.*

§ 12 verordnet, dass *Gleisenden sind in der Regel durch Prellböcke abzuschließen sind, jedoch andere Gleisabschlüsse sind zulässig, sofern diese auf Grund der örtlichen Verhältnisse zweckmäßiger* erscheinen. § 20 thematisiert die Kilometerzeichen, Neigungszeiger wie folgt. *An den Streckengleisen und Zuführungsgleisen über 1000 m Länge sind in der Regel Kilometerzeichen nach dem staatlichen Standard »Kilometerzeichen aus Tafeln für Eisenbahnen« (TGL 35999/01) aufzustellen.* TGL bedeutet »Technischen Normen, Gütevorschriften und Lieferbedingungen«. Sie entsprachen in der DDR den DIN-Normen und hatten immerhin Gesetzeskraft.

§ 22 hat zum Inhalt, wie Kreuzungen zu gestalten sind. Im Absatz 13 könnte man heute Probleme bekommen, denn bei der Kennzeichnung von Kreuzungen als Gefahrenstellen *entscheidet das Volkspolizei-Kreisamt bzw. die Volkspolizei-Inspektion nach Anhören der Organe des Straßenwesens, der Staatlichen Bahnaufsicht und der verantwortlichen Rechtsträger oder Eigentümer.*

Die Themen Sicherungs- und Fernmeldeanlagen, Be- und Entladeanlagen, Weichenheizungsanlagen und vieles mehr sind Gegenstand des Abschnitts, so wie es für andere Bahnanlagen gilt.

Ein vierter Abschnitt beinhaltet die Anordnungen der Fahrzeuge, also Triebfahrzeuge und Wagen. So heißt es juristisch wohl formuliert: *Wenn Fahrzeuge der Werkbahnen bzw. von abgegrenzten Produktionsbereichen auch auf Anschlußbahnen übergehen sollen, müssen sie dieser Anordnung entsprechen. Der Betreiber hat hierfür den Nachweis zu erbringen. Der Anschließer hat die entsprechenden Fahrzeuge in einer Aufstellung zu erfassen und die Einhaltung zu kontrollieren.*

Schließlich beschäftigen sich elf Paragraphen mit dem Betriebsdienst, weitere drei mit Ereignisse, Wagenbeschädigungen und Aufgleisen von Fahrzeugen.

Weniger Relevanz im Betriebsdienst der Anschlussbahnen in Mecklenburg-Vorpommern hat der Passus im § 51. Dort steht geschrieben: *Für Zugfahrten zwischen Anschlußbahnen und Werkbahnen im Braunkohlenbergbau trifft die Staatliche Bahnaufsicht nach Abstimmung mit der zuständigen Bergbehörde auf Antrag besondere Festlegungen.*

Der letzte Paragraph vor den Schlussbestimmungen soll Erwähnung finden, weil der Begriff des Aufgleisens mittlerweile die Managementsprache in ganz anderen volkswirtschaftlichen Bereiche Einzug gehalten hat. Eigentlich bedeutet es, zumindest für die Anschlussbahnen in Mecklenburg-Vorpommern: § 63 *Aufgleisen von Fahrzeugen. (1) Wagen des öffentlichen Verkehrs und Fahrzeuge des Anschließers, die auf Gleise der Deutschen Reichsbahn übergehen, dürfen vom Anschließer nur aufgegleist werden, wenn geeignete Kräfte und die erforderlichen Aufgleisgeräte vorhanden sind, eine entsprechende Vereinbarung zwischen dem Anschließer und der zuständigen Stelle der Deutschen Reichsbahn abgeschlossen wurde und die Genehmigung der Staatlichen Bahnaufsicht vorliegt.* Und Absatz 3 ergänzt: *Jedes entgleiste Fahrzeug ist nach dem Aufgleisen vor dem weiteren Einsatz auf Lauffähigkeit zu untersuchen.*

Alles wurde so komplettiert und seinerzeit vom DDR-Minister für Verkehrswesen unterschrieben. Den gab es bei Übernahme der Anordnungen nicht mehr, die Paragraphen haben aber im Mecklenburg-Vorpommern überlebt.

DAS ENDE DER ROTE-ARMEE-FRAKTION

Eisenbahngeschichten haben mitunter eine große politische Bedeutung. Das wird für die Einheimischen umso brisanter, wenn Gegenden involviert sind, die für die Allgemeinheit kaum ein Begriff sind und sonst nur lokale Bedeutung haben. Mitten in Mecklenburg gibt es einen für die Bahnlogistik nicht ganz unwichtigen Bahnhof, der in ganz anderem Zusammenhang im Juni 1993 eine traurige Berühmtheit erlangte: Bad Kleinen. Zu jener Zeit schien die Zeit des Terrors abgeebbt zu sein. Die großen Aktionen der 70er und 80er mit vielen Opfern, aufgelistet sind 67 Tote, waren fast schon Geschichte. Dann änderte sich die Lage. Mit der politischen Wende in der DDR tauchten tausende geheime Akten auf und Menschen mit Allerweltsnamen und Allerwelts(schein)biografien wurden zu gesuchten Aktivisten der so genannten Rote-Armee-Fraktion (RAF). In der Reaktion auf diese neue Situation wurden Aktivitäten in dieser Szene angekurbelt.

In Bad Kleinen sollten nun nach langer Observierung zwei RAF-Terroristen in Gewahrsam genommen werden. Die Situation von 1993 wurde zwanzig Jahre danach journalistisch so dargestellt: *Der 27. Juni 1993, Bad Kleinen, ein Provinzbahnhof zwischen Schwerin und Wismar: Die Spezialeinheit GSG 9 stürmt eine Tunnelunterführung. Die Elite-Polizisten sollen die mutmaßlichen RAF-Terroristen Birgit Hogefeld und Wolfgang Grams festnehmen. Doch die Aktion geht komplett daneben. Es kommt zum Tumult, Schüsse fallen, am Ende sind zwei Menschen tot: Grams und der GSG 9-Beamte Michael Newrzella.* Diese desaströse Aktion machte jenen Bahnhof in Mecklenburg berühmt. *Nach und nach kam ans Licht, was alles schief gelaufen war. Die Polizei hatte mit rund 100 Beamten Stellung bezogen. Zwar gelang es ihnen, Hogefeld im Bahnhofstunnel zu überwältigen. Dass sie vom ebenfalls gesuchten RAF-Mitglied Grams begleitet wurde, war den Polizisten aber offenbar nicht bewusst. Grams stürmte auf den Bahnsteig, eröffnete das Feuer, traf den Ermittlungsakten zufolge den Polizisten Newrzella und wurde schließlich selbst von mehreren Kugeln niedergestreckt. Tödlich war ein Kopfschuss, den sich der damals 40-jährige Grams selbst gesetzt haben soll.*

Da der betroffene Bereich eigentlich öffentliches Bahngelände war und bei der Nachbereitung schlicht geschlampt wurde, konnten Bahnreisende noch Tage später Geschossteile finden.

Die Beschreibung der Vorgänge aus Sicht von, vorsichtig ausgedrückt, eher staatsunfreundlicher Seite bringt einige Details des Eisenbahnumfeldes mit dem Geschehen in Verbindung: *Alles läuft zunächst nach Plan. V-Mann Steinmetz trifft am 24. Juni 1993 um 11.57 Uhr in Bad Kleinen ein, Birgit Hogefeld um 13.11 Uhr. Beide fahren mit dem Zug nach Wismar weiter, wo sie sich ein Zimmer mieten. Die ganze Zeit über trägt Steinmetz einen Peilsender bei sich, durch den die Beamten ihn ständig orten können. Was er nicht weiß ist, dass man ihm zusätzlich einen »Personenschutzsender« untergeschoben hat, mit dem die Polizei alle Gespräche zwischen Hogefeld und dem V-Mann belauscht. Am 27. Juni 1993 fahren beide zurück nach Bad Kleinen, wo sie um 12.58 ankommen. Um sie herum sind zu diesem Zeitpunkt 38 BKA-Leute, 37 GSG 9-Männer und 22 weitere Beamte tätig. Klaus Steinmetz und Birgit Hogefeld warten in der Bahnhofsgaststätte »Billard-Café«. Um 14 Uhr verlässt sie das Café, um den angekommenen Wolfgang Grams zu begrüßen und mit ihm in das Café zurückzukehren. Um 15.15 Uhr verlassen alle drei die Gaststätte und gehen durch die Bahnhofsunterführung. Hier erfolgt der Zugriff durch sieben vermummte GSG 9-Beamte.*

Während Hogefeld und Steinmetz überwältigt und gefesselt werden können, hastet Grams die Stufen zum Bahnsteig hinauf 10 Meter hinter ihm die GSG 9-Beamten von denen einige bereits ihre Waffen gezogen haben. Oben angekommen bleibt Grams stehen und feuert, die Waffe in beiden Händen, in die Verfolgermenge, dabei trifft er den 25jährigen Beamten Michael Newrzella der später im Krankenhaus seinen Schussverletzungen erliegt. Die GSG 9 feuern ihrerseits zurück und verletzen sowohl Grams als auch eine Bahnbedienstete. Die gesamte Schießerei dauert gerade mal 6 Sekunden. Von Kugeln getroffen fällt Grams auf die Gleise, wo er auf dem Rücken liegen bleibt.

Was dann passierte und diese Aktion ins Reich der Geheimnisse und Spekulationen gleiten ließ, ist umstritten. Offiziell wurde von Selbsttötung von Grams gesprochen, aber Augenzeugen aus dem Ort wollten beobachtet haben, dass Beamte mit gezielten Schüssen den am Boden Liegenden exekutiert hätten. Pikant war nämlich, dass Grams womöglich als Hardliner ein RAF-Ende nie akzeptiert hätte, als bereits alle übrigen Insider aus verschiedenen Gründen verhandlungs- und kompromissbereit schienen. Also könnte der Plan gewesen sein, ein Ende mit Schrecken und vielen Fragezeichen anderen Optionen vorzuziehen. Es bleibt mysteriös.

Ergänzend sei angemerkt, dass die wirklichen Hintergründe und die letzte Wahrheit wohl nicht bekannt werden und wenn, dann werden noch Jahre vergehen. Während des Schreibens dieser Zeilen wurde ein Fernsehfilm, dem das 1993er Ereignis in gewisser Weise Pate stand und Folgendes in einem anderen Licht erscheinen lässt. *In Medienberichten tauchten Zeugenaussagen auf, wonach ein Polizist dem schwer verletzten Grams die Waffe abgenommen und ihn dann mit einem gezielten Kopfschuss umgebracht haben soll. Eine Exekution durch staatliche Hand? Die Aufregung in der Öffentlichkeit war groß. Informationen von offizieller Seite fielen jedoch spärlich aus.* Hochrangige Amtsträger traten zurück. Die Politik konnte damit zumindest seinerzeit dazu beitragen, das Vertrauen der sich desinformiert sehenden Bevölkerung etwas zurück zu gewinnen. Das Gerücht vom Staatsmord an Wolfgang Grams spukt aber immer noch durch die Köpfe mancher Interessierter, selbst wenn von offizieller Seite diese These verworfen wurde.

Der Bahnhof Bad Kleinen zu DDR-Zeiten.

JA, JA – DIE GAUDE OLLE ISENBAHN

Ein Geschichtenbuch über die Eisenbahn in Mecklenburg-Vorpommern ohne eine Story in Platt wäre wohl nicht authentisch. Nur muss man es können, das »platt schreiben«. Dankenswerterweise durfte der Autor auf ein hier leicht abgewandeltes Original von Ulrich Nowitzki zurückgreifen, der sein eigenes Eisenbahnerleben aus den 40er und 50er Jahren episodenhaft und eben plattdeutsch nacherzählte. Für die, die es nicht ganz deuten können, folgt am Schluss eine kleine Zusammenfassung der Geschichte von der roten Mütze und von den Hühnern.

Tau min Utbildung gehört ook, upn lütten Bahnhof Deinst zu maken. Up son lütten Bahnhof möten die Isenbahners je allens maken, den'n Toggverkehr leiten, Weiken bedein'n, Fohrkorten verköpen, Fracht affsenden un annähmn, denn Bahnhof suber hollen usw. Ick möt denn na Jasnitz hen, dat is'n lütt Station an die Streck von Hamburg na Berlin, twüschen Hagenow-Land un Ludwigslust.

Dor weern veer Isenbahners stationiert un aff un tau köm denn noch'n Springer, also een, die Verträtung maken müßt, damit die Stunn'n for die veer inhollen ward'n. Die weern nu ganz froh, dat ick dortau köm. Ick heff mi denn ook fix inarbeit un die Vorsteiher lött mi denn ook schon na korte Tied allens maken, wat die annern ook maken müßt. Un denn lött hei mi ook Upsicht maken. Upsichter is up'n Bahnhof jümmers die, die'n rod Mütz uphett un die Tögg afführ'n lött. Dat pessiert denn, wenn hei die Kell hoch höllt.

Rode Mützen lägen voor orrer fief in'n Schapp. Uns Vorsteiher wahnt an End von Bahnhof, direkt an't Gleis. Wenn bei morgens in Deinst köm, nähm hei sein blaage Dienstmütz aff un sett sick die rode Mütz up. Un wenn bei na Hus güng, denn annersrümme. Een Dag geiht hei tau Meddag na Hus un vergett die Mützen tau tuschen. Die Morsetelegraph geiht un nu ward 'n Sondertogg anmeldt. Wi twei, die noch dor wäsen, fragen uns wat dat woll is. Mien Kolleg röppt denn in Hagenow-Land an un dor seggens em, dat is die Schienenzepp mit den'n Rayonkummandanten. Schienenzepp heit eigentlich Zeppelin up Schienen, denn die Draisin harr'n Utseihn as'n Rake tun weer binnen bannig fien utstaffiert.

Jedenfalls krägen wi'n bannigen Schreck, as wi dit hüürn. Wenn die Rayoner ünnerwägens weer, gäw dat meestendeels Arger. Wat nu daun? Die Vörsteiher weer nich dor. Henloopen güng nich miehr, die Zepp weer sowieso gliecks hier. Min Kolleg seggt, ick will denn Aas nich seihn, gah Du man rut, wenn hei Dörchführt. Na gaud, ick sett mi die rode Mütz up un denn rut up'n Bahnstieg. Mien Kolleg lött die Schranken dal u nick kick denn noch fix, ob nich Pepier orrer wat anners rümmeliegt, denn up sowat weer die »Rayoner« jümmers besonners scharp.

Nu kümmt die Zepp ook all rinne föhrt, äwer die hölIt an un föhrt nich dörch. Herrdujeh, heff ick mi verfehrt! Die Rayonkommandant stiggt ut un denn fröggt hei nit »Potschemu dwa Natschalniks auf Stationa?« Natschalnik, dat heit up russisch sovähl as Chef, orrer Leiter. Un hei wull von mi nu weiten, warum gifft dat hier twei von die Sort. Ick weer ganz verdattert un wüßt gornicht, wat hei wull. Denn fröggt hei nochmal: »Du hier Natschalnik und da?« Un denn wiest hei mit'n Hand den'n Bahnhof lang un up dat Hus von Vörsteiher.

Ick wüsst jümmers noch nich, wat los weer. Denn kümmt sein Dolmetscherin ut denn Zepp kladdert un seggt: »Kommandant sagt, kleiner Bahnhof hat zwei Chefs, einer hier auf Bahnhof und einer mit roter Mütze dahinter und füttert Hühner.«

So nun wüßt ick, um wat dat geiht. Ick segg tau em, da die Vörsteiher blots vergäten harr, die rode Mütz afftau

Mecklenburger Eisenbahner.

nähm. Denn blökt hei äwer los. Väl künn ick nich verstahn, denn dat weer'n Gemisch ut dütsch un russisch. Hei schimpft up Düwel komm rut un die Dolmetscherin, dat weer'n Deern mit Unnerleutnantuniform, het blots een Deel dorvon översett. Äwer verstahn heff ick, dat sick die Vörsteiher morgen bi em up die Direktion melden sall. Denn stiggt hei in un weg weer hei.

Inzwischen köm äwer ook schon uns Vörsteiher anloopen. Hei harr denn Zepp seih'n, dacht äwer ook dat die dörchführt. Nu wull hei weiten, wat die Rayoner wull. Wi em orrentlich uptreckt. Hei harr Sabotasch makt, mit die rode Mütz Fedderveeh faudern un hei sall'n schriftliche Stellungnahm morgen persönlich in Swerin affgäwen un dorvon hängt aff, ob hei wedder na Hus köm orrer na Sibirien mütt.

Hett die Oll zittert. Denn ganzen Obend hett hei an sein Bericht rümmedoktert un denn hett hei midden in die Nacht sein Schwiegersohn anraupen. Die weer bi die Direktion un die hett dat denn mit denn Rayonkommandanten in't Lot bröcht. Von dissen Dag an hüngt an die Utgangsdöer 'n Schild. Dor stünn blots »Mütze« up. Jümmers wenn die Vörsteiher rut wull, bammelt em dat Schild vor de Nääs. Denn ritt hei die Mütz von Kopp un kiekt na: Is dat die rode orrer die blaage?

So musste also ein Vorsteher des nicht wirklich bedeutenden Bahnhofes Jasnitz nahe Hagenow-Land fast nach Sibirien, weil er zum Füttern seiner Hühner die rote Dienstmütze nicht abgesetzt hatte. Derweil trug der Amtierende als Pausenvertretung ebenfalls rot. Der russische Offizier sah dies als schweren Verstoß an, er war wohl Choleriker. Mit Vitamin B wurde die Sache geklärt und den Dienstraum hat seitdem keiner mehr verlassen, ohne die richtige Kopfbedeckung aufzusetzen. Denn ein Schild an der Ausgangstür appellierte: »Mütze!«

NACH DER LEKTÜRE AUF SPURENSUCHE

Wenn nun mit der Vielfalt der wahren Geschichten um die Eisenbahn in Mecklenburg-Vorpommern der Wunsch entstanden ist, man dazu die nötige Zeit aufbringt, sollen zum Schluss noch einige Ziele genannt werden, die das Gesagte untermauern oder noch ergänzen. Von Ost nach West, also von Vorpommern beginnend, sei dem entschlossenen Reisenden ans Herz gelegt, sich selbst auf den Weg zu machen. Der geneigte Leser, der die dazu nötige Zeit aufbringen möchte, kann sich so ein Bild von der Vielfalt der Eisenbahngeschichten machen.

Da wäre zunächst Pasewalk, wohlwissend, dass es in dieser Gegend vorrangig die Ruhe ist, die einlädt. Einen Anlaufpunkt der besonderen Art gibt es mit dem Lokschuppen. Es ist ein Eisenbahn-El Dorado, denn da erwarten die Besucher diverse Lokomotiven, ein »Dreh« mit dem Nostalgiewagen auf einer Drehscheibe, eine in einem umgebauten Wohnwaggon sehenswerte Modelleisenbahnanlage und einiges mehr, das Eisenbahner und Fans anspricht. Ähnlich wie in anderen Eisenbahnmuseen gibt es die Möglichkeit mit einer Draisine namens »Gulliver« ein Stück auf dem Schienenstrang zu bewältigen. Schließlich gehört der restaurierte Wasserturm mit zum Komplex. Dieser beherbergt eine ansprechende Ausstellung zum Thema Fernmelde- und Nachrichtentechnik der Deutschen Reichsbahn.

Wenige Kilometer weiter westlich ist eine Museumsbahn zu finden, die entsprechend der Geschichte dieser Region einmal eine nicht unbedeutende Rolle gespielt hat. Es geht um die Mecklenburg-Pommersche Schmalspurbahn (MPSB), die 1892 fertig gestellt war und unmittelbar mit der Urbarmachung der Friedländer Großen Wiese in Zusammenhang stand. Bis zum Ende des II. Weltkrieges wurden hauptsächlich landwirtschaftliche Transporte übernommen und nach kurzer Unterbrechung bis 1965 fortgesetzt. Wieder belebt wurde die Bahn durch den Verein »Freunde der MPSB e.V.« Heute sehenswert im Komplex ist die Museumsbahn mit vier Lokomotiven, deren ältestes Modell über 100 Jahre alt ist, samt Bahnhof und Museum sowie Traditionskabinett in Schwichtenberg.

Erwähnenswert ist das Eisenbahnmuseum in Röbel, das sich an die Zeit anlehnt, als die Bahnstrecke von Güstrow nach Plau den Ort Röbel als Bahnhof tangierte. Heute gibt es eine umfangreiche Sammlung von Eisenbahnfahrzeugen zu besichtigen. Es sind um die 20 Lokomotiven, von denen fünf klassische Dampfloks sind. Dazu werden Sonderfahrten organisiert und jedes Jahr gibt es ein Bahnhofsfest am letzten Septemberwochenende.

Nächste Empfehlung ist der Darß. *Inmitten von Wiesen und Feldern, etwas außerhalb des Dorfes liegt der alte Bahnhof Bresewitz an den Gleisen der stillgelegten Darßbahn. Drei Autostunden von Berlin oder Hamburg entfernt, genießt man hier Ruhe und einen weiten Blick über Wasser und Land. Von der alten Drehbrücke nach Zingst bis zum Kirchturm von Barth blickt man über die grüngoldenen Felder unter blauem Ostseehimmel. Ruhe, Meer und Landschaft sind die Hauptmotive dieser komfortablen Ferienwohnungsanlage. In dieser Alleinlage entkommt man auch in der Hauptsaison dem Ferientrubel. Trotzdem erreicht man mit dem Auto oder dem Fahrrad nach vier Kilometern den weißen Ostseestrand bei Zingst oder Prerow.* Mehr Mecklenburg gibt es nicht. Die nicht weit vom ehemaligen Bahnhof gebaute Meinigenbrücke ist zudem etwas, was ein Eisenbahner sehen sollte.

Zwei Loks und Personal des Kaffeebrenners.

Schließlich rundet sich diese kurze Reise im Westen Mecklenburg-Vorpommerns mit der Bahnstrecke von Grevesmühlen nach Klütz ab. Schon allein der Name »Kaffeebrenner« lockt den Schaulustigen. In Betrieb war diese Strecke von 1905 bis 1995. Seit 1997 fuhren acht Jahre Züge der reaktivierten Bahn und unterhielten einen planmäßigen Ausflugsverkehr. Dann war Schluss. Das Motto »De Lütt Kaffeebrenner – Rauf auf die Schienen!« brachte wieder Leben in die Region. So dampft und schnauft es seit dem 20. Juni 2014 ab und an durch die idyllische Landschaft Klützer Winkel.

Der Name der Bahn rührt übrigens nicht vom heute im Einsatz stehenden Bistrowagen her, sondern erinnert an einen wichtigen Kunden der Bahn aus früherer Zeit, einer Malzfabrik, deren Grundstoff zum legendären Malzkaffee, in Sachsen mitunter als Muggefug bezeichnet, verarbeitet wurde.

Finis coronat opus

Quellenverzeichnis

Christopher, A. u. a.: Schmalspurdampf im Harz und an der Ostsee, Aachen 1991.

Eisenbahnmetropole Berlin. Eisenbahnkurier Special, Freiburg 1986.

Fölsch, R.: Einmalig bei den deutschen Eisenbahnen. Eine Frau als Präsident der Reichsbahndirektion Schwerin, Schwerin 2008.

Harder, K.-J./Kobschätzky, H.: Die Großherzoglichen Staatseisenbahnen in Mecklenburg und Oldenburg, Stuttgart 1978.

Kenning, L.: Die Usedomer Bäderbahn, Nordhorn 2010.

Kuhlmann, B.: Eisenbahnen auf Usedom, Düsseldorf 1995.

Modelleisenbahner Spezial Mecklenburg-Vorpommern, Stuttgart 1995.

Molli 125 Jahre. Die Schnellste unter den Kleinen, Freiburg 2011.

Nostalgie und Eisenbahn. Mecklenburg-Vorpommern, Ueckermünde 2000.

Nowitzki, U.: Ja, ja – die gaude olle Isenbahn, Hagenow 1995.

Schultz, L./Preuß, E.: Alles über den Molli, Stuttgart 2013.

Schultz, L.: Eisenbahnen in Mecklenburg, Berlin 1986.

Schultz, L.: Friedrich-Franz-Eisenbahn in Mecklenburg, Berlin 2014.

Schultz, L.: Mecklenburgische Bäderbahn. Rövershagen–Graal-Müritz, Berlin 2007.

Thomas, P.: Furioser Feriendampf, in: FASZ, 4. September 2016.